Querverlag

Alltag tötet

Geschichten über die Liebe

Regina Nössler

Erste Auflage September 2003

Umschlag und grafische Realisierung von Sergio Vitale unter Verwendung einer Fotografie von gettyimages

Druck und Weiterverarbeitung: Druckhaus Köthen
ISBN 3-89656-093-X
Printed in Germany

Bitte fordern Sie unser Gesamtverzeichnis an:
Querverlag GmbH, Akazienstraße 25, D-10823 Berlin
http://www.querverlag.de

Die Sendung mit der Maus oder: Alltag tötet

„Vergessen? Du hast es einfach vergessen?"

Ich war entsetzt. Ich konnte es nicht fassen. Sie musste doch wissen, was sie mir damit antat. Entweder steckte eine niederträchtige Absicht dahinter – doch das wollte ich ihr nicht unterstellen – oder schlichtweg Gedankenlosigkeit. Aber zog Gedankenlosigkeit nicht letztlich genauso verheerende Auswirkungen nach sich wie böse Absicht?

„Ja, ich habe es vergessen", sagte sie nur. Weiter nichts. Keine Entschuldigung. Kein Bedauern. Nur: Ich habe es vergessen. Kein Zeichen von Reue. Im Gegenteil – in ihrer Stimme glaubte ich sogar den leisen Anflug von Zorn zu hören.

Was für eine Unverschämtheit! Was nahm sie sich heraus? Sie und Zorn? Sie? Ich war diejenige, die Grund hatte, zornig zu sein.

„Mein Gott, Cordula, ich habe es einmal vergessen", sagte sie. „Nur ein einziges Mal. Stell dich nicht so an!"

Stell dich nicht so an. Das hätte sie nicht sagen sollen. Außerdem hatte ich es schon immer gehasst, wenn jemand im Streit meinen Vornamen sagte, wie eine Beschwörung, oder so, als wäre ich ein unmündiges, unartiges Kind oder als wüsste ich selbst nicht, wie ich heiße.

In meinen Augen standen Tränen. Ich konnte gar nichts gegen sie tun, sie kamen von selbst, immer mehr, und sie machten mich zusätzlich wütend, da sie meine Hilflosigkeit noch unterstrichen. Gabi demütigte mich, indem sie mit diesem angriffslustigen Blick vor mir stand und mir ohne ein Lächeln ins Gesicht sagte, sie habe es vergessen. Das sei doch wohl kein Drama. Damit tat sie meinen innigen Wunsch als unwichtig, ja sogar lächerlich ab.

Schon seit vielen Wochen lief in meinem Leben alles schief. Und nun auch noch das. Dieses Wochenende schien dazu auserkoren zu sein, den vorläufigen Höhepunkt meines Scheiterns zu markieren. Ich hatte den Gipfel – oder besser: die Talsohle – erreicht. Weiter bergab ging es nicht mehr. Gerade jetzt an diesem Sonntag, als mein Leben aus dem Ruder lief, hätte mir Geborgenheit alles bedeutet. Doch stattdessen fühlte ich mich verletzt, nicht geliebt, von allen verlassen.

Es sah so aus, als wäre ich meinen Job los. Ich arbeitete als Tippse in der Rechtsanwaltskanzlei Krom und Glans. Nicht, dass mir diese Arbeit Spaß machte – ich hasste sie vielmehr –, aber dennoch, sie ernährte mich. Brigitte Glans, die Chefin, hatte eine Andeutung gemacht, dass die Kanzlei daran denke, sich demnächst von mir zu trennen.

Darüber hinaus hatte ich Krach mit meinen alten Eltern, die jedoch noch rüstig genug waren, um sich mit mir zu streiten. Ich solle sie öfter besuchen, hieß es alle zwei Tage am Telefon, und außerdem warfen sie mir vor, wenn auch nur indirekt, dass ich ihnen durch meinen *Lebenswandel* ein Enkelkind verwehre, und so lange würden sie, jetzt, da sie allmählich im Rentenalter seien, schließlich nicht mehr leben. Mit dem Lebenswandel war natürlich Gabi, meine Partnerin, gemeint. Bereits früher hatten meine Eltern mich geplagt; zuerst waren es die Schulnoten, später das nie abgeschlossene Studium. Sie sollten mich in Ruhe lassen. Ich war dreißig Jahre alt, und mit dreißig führte man keine Auseinandersetzungen mehr mit den Eltern. Sie hatten mir bei meiner Geburt den Namen Cordula gegeben, das reichte.

Ich hatte nie verstanden, durch welche unglückliche Fügung ihnen damals ausgerechnet dieser Name eingefallen war; es gab keine Großmutter, keine Tante, keine Bekannte, keine Prominente – es gab niemanden namens Cordula. Nur mich. Mich selbst erinnerte mein Name zwanghaft stets an Cordhosen. Weiche, schlabberige

Cordhosen. Leider entging auch meinen gehässigen Klassenkameraden diese Assoziation nicht. Vielleicht waren sie es auch, die mich erst darauf gebracht hatten. Ich wuchs in einer Zeit heran, in der Cordhosen allmählich aus der Mode kamen, und so stand Cordula alias Cordhose für etwas wirklich Langweiliges und Plumpes.

Meine Freundinnen und meine gesamten Sozialkontakte hatten sich im Lauf der letzten Monate unmerklich von mir zurückgezogen. Ich spürte es. Sie riefen nicht mehr an. Ich wurde immer seltener eingeladen, weder zu Geburtstagen noch zu sonstigen Gelegenheiten. Doch richtig misstrauisch machte mich, dass ich noch nicht einmal mehr dazu eingeladen wurde, bei Umzügen zu helfen. Von einem Umzug erfuhr ich oft erst, wenn er längst über die Bühne gegangen und die neue Wohnung bereits renoviert worden war. Das gab mir zu denken.

Gabi und ich hatten uns in den vergangenen Jahren immer mehr zurückgezogen. Wir gingen selten aus. Wir mochten keine Störungen von außen. Wir lebten für uns, und wir waren glücklich in unserem kleinen Refugium. Wir sahen uns häufig, eigentlich täglich. Dennoch wohnten wir nach wie vor in getrennten Wohnungen, und diese Tatsache reichte in meinen Augen aus, um unsere Unabhängigkeit zu beweisen.

In jedem Fall zog ich einen ruhigen, gemütlichen Abend mit Gabi fast immer allen Alternativen vor. Ich wusste, was mich bei ihr erwartete, ich kannte sie, ich konnte mich darauf einstellen, es drohte keinerlei Gefahr. Nichts Fremdes störte. Bei Gabi fühlte ich mich unendlich geborgen.

An diesem Sonntag, der alles verändern sollte, war ich sehr niedergeschlagen. Ich fürchtete mich vor dem kommenden Arbeitstag in der Kanzlei; mit dem Gedanken daran war ich morgens aufgewacht. Alles ging schief. Nichts klappte. Mein Leben bekümmerte mich zutiefst, und deshalb ersehnte ich Trost. Ich wusste auch, wo er zu finden war – bei Gabi, natürlich bei Gabi.

Wir waren am späten Nachmittag verabredet. Gabi hatte die schönere Wohnung – eine mit Badewanne und Balkon. Und sie besaß einen Videorekorder, vor allem das war von zentraler Bedeutung. Ich gebe zu, ich hätte mir selbst einen Videorekorder anschaffen können. Aber es war bequemer, dass Gabi einen besaß. Ich brauchte keinen eigenen. Und es war billiger. Oh, ich beteiligte mich durchaus an den Kosten für unser gemeinsames Freizeitvergnügen, nicht, dass ich jetzt als Geizhals dastehe. Manchmal kaufte ich einen Schwung Videokassetten, wenn es bei *Aldi* oder *Plus* welche im Angebot gab. Unser Bedarf an Videokassetten war groß.

Aber sollte ich mir etwa einen altmodischen Videorekorder zulegen, wenn es in absehbarer Zeit ohnehin neue Speichermedien geben würde? Das wäre sehr unvernünftig gewesen. Ich wollte lieber abwarten; ich habe ein eher zögerliches und vorsichtiges Naturell. Zwar wurden gleichzeitig altmodische Videorekorder immer billiger – doch mein Verdienst bei Krom und Glans erlaubte keine Luxusanschaffungen. Gabi und ich waren Lebensgefährtinnen – also reichte ein einziger Videorekorder vollkommen aus. Wir taten schließlich auch sonst das meiste gemeinsam. Gabi und ich waren ein Liebespaar. Ein sehr glückliches. Und das schon seit sechs Jahren.

An diesem Sonntag, der alles verändern sollte, fuhr ich nachmittags den vertrauten Weg zu Gabis Wohnung. Seit sechs Jahren verbrachten wir fast jedes Wochenende miteinander. Normalerweise gehörte auch der Samstag dazu, doch an diesem Samstag war Gabi abends zu einer Geburtstagsfeier bei Kollegen gegangen, die ich alle nicht mochte. Ich hatte mich den ganzen, langen Samstagabend nach ihr gesehnt. Am Sonntag traf ich mit der Erwartung bei ihr ein, in ihrer schönen Wohnung mit Badewanne und Balkon, dass wir uns mit dem Kuchen, den ich mitgebracht hatte, auf ihr Sofa setzen und die Video-Aufzeichnung ansehen würden, um die ich sie gebeten hatte. Ich freute mich auf diesen heiligen Moment des Friedens und des Glücks. Ich hatte es mir den ganzen Samstag über ausgemalt und Gabi extra deswegen angerufen, um sie zu erinnern. Schon seit Jahren vergaß ich niemals, Gabi zu erinnern – obwohl es inzwischen vielleicht selbstverständlich war. Aber man soll ja nichts für selbstverständlich halten – erst recht nicht in der Liebe. Selbstverständlichkeit tötet die Liebe. Das war meine Devise.

Ich hatte ihr am Samstag auf den Anrufbeantworter gesprochen: „Denkst du bitte daran, morgen die *Sendung mit der Maus* aufzunehmen?" Ja, ich war äußerst respektvoll, auch nach sechs Jahren, und ich sagte ausdrücklich „bitte". Ich bat sie höflich darum und befahl es ihr nicht. Ich wusste, was sich gehörte.

Ich liebte die *Sendung mit der Maus*. Sie machte mich glücklich wie kaum etwas anderes. Die Behauptung, es handle sich hierbei lediglich um eine Sendung für Kinder, ist ganz und gar falsch.

Die *Sendung mit der Maus* stellte für mich immer einen kleinen Höhepunkt in einer ansonsten oft ereignislosen Woche dar. Jedes Mal litt ich darunter, dass sie nur dreißig Minuten dauerte, statt sich großzügig auf epische Spielfilmlänge zu erstrecken. Die Maus und der kleine blaue Elefant stritten sich manchmal, was die Harmonie kurzzeitig trübte, aber dennoch, ich fühlte mich geborgen, wenn ich diese Sendung sah. Meistens ergriff ich Partei für den Elefanten, der mir wie eine geknechtete, unterdrückte Seele erschien.

Gabi hingegen interessierte sich mehr für die Wissensvermittlung. „Wusstest du das?", fragte sie manchmal erstaunt, „hättest du gedacht, dass so die Mandarinen in die Dose kommen?" Genauso verblüfft nahm sie die aufwändige Herstellung von Schraubenschlüsseln, Knöpfen oder Pinseln zur Kenntnis oder ließ sich gerne darüber belehren, warum Bockwürste an einem Ende einen blassen Knick aufwiesen.

Gabi vergaß niemals, die Sendung aufzuzeichnen, wenn wir uns nicht sahen oder am Sonntag länger schliefen. Nie. Ich konnte auf sie bauen. Alles war gut.

Gabi vergaß nie etwas. Niemals. Sie war auf eine sehr fürsorgliche Art darum bemüht, dass es mir gut ging. Dass es uns gut ging. Dass wir es schön hatten. Dass wir uns behaglich in unserem kleinen Kuschelparadies einrichteten. Und dazu gehörte auch, als lieb gewonnenes Ritual, das gemeinsame Genießen der *Sendung mit der Maus* am Sonntag. Daran war ich gewöhnt. Die Gewohnheit ist die stärkste Macht, stärker noch, viel stärker als die Leidenschaft.

Umso größer war mein Entsetzen an diesem Sonntag, als Gabi plötzlich sagte: „Ich habe es vergessen. Stell dich nicht so an."

Ich war außer mir. Vergessen? Sie hatte es einfach vergessen? Ich weiß noch, dass ich im ersten Moment naiv dachte, Gabi mache einen Scherz. Ich suchte in ihrem Gesicht fieberhaft nach Zeichen, die es belegten. Doch ich entdeckte keine. Ich konnte nicht glauben, was ich da hörte. Ich presste noch ein ersticktes „Was? Wie?" hervor – in der Hoffnung, nun würde sich endlich herausstellen, dass es sich lediglich um einen Scherz handelte, und zwar um einen sehr schlechten. Doch Gabi lachte nicht. Es kam kein: *Ätsch, reingelegt, wie könnte ich denn die* Sendung mit der Maus *vergessen? Jetzt habe ich dich aber erschreckt!*

Ich dachte kurz an unseren Streit vor einigen Jahren. Gabi hatte vergessen, für mich die vierzehnte Folge der Krankenhausserie aufzuzeichnen, die ich damals liebte. Ausgerechnet diese vierzehnte Folge war von eminenter Bedeutung, da sich in ihr gleich zwei Konflikte privater Natur aufklären sollten. Gabi vergaß, den Videorekorder zu programmieren, und ich habe die Folge nie gesehen. Damals stritten wir uns erbittert fast zwei Wochen lang deswegen, und ich hatte angenommen, sie hätte aus dieser Erfahrung gelernt. Ein anderes Mal hatte sie die Zeit am Videorekorder falsch programmiert, so dass das vorauszusehende, überglückliche Ende eines Doris-Day-Films leider fehlte. Die stets in Pastelltöne gekleidete Doris Day liebte ich auch. In diesem Fall währte der Streit mit Gabi nur kurz, da ich das Ende des Films bereits kannte. Der Abend war trotzdem verdorben.

Als mir an diesem Sonntag allmählich klar wurde, dass es sich um die bittere, grausame Realität handelte und nicht um Spaß, wusste ich mir nicht mehr zu helfen. Ich schrie: „Du hast es vergessen? Du hast es einfach vergessen? Warum tust du mir das an?"

Und dann versetzte ich ihr diesen an und für sich harmlosen Stoß.

Eigentlich war es nur ein kleiner Schubser. Ich war so entsetzt. So erniedrigt. Alle Felle schwammen mir weg. Der Job bei Krom und Glans. Die Freundinnen. Und nun auch noch die Liebe. Ich fühlte mich verlassen. Zwischen den Zeilen hatte Gabi deutlich gesagt, es sei doch wohl keine Tragödie, ein einziges Mal die Aufzeichnung der *Sendung mit der Maus* vergessen zu haben. Doch genau das war es, eine Tragödie. Für mich kam dieses Versäumnis einer Verschwörung gleich. Nun auch noch Gabi, mein Fels in der Brandung. Gabi nahm meine Wünsche nicht ernst, schlimmer noch – sie zog sie ins Lächerliche. Gabi, verstehst du das immer noch nicht?

Ich war so verzweifelt und wusste mir nicht anders zu helfen. Meine Worte erreichten Gabi ganz offensichtlich nicht. Und da sie es nicht vermochten, packte ich sie bei den Schultern und schubste sie, nur ganz leicht. Gabi rechnete nicht mit einer Attacke, verlor das Gleichgewicht und stürzte rücklings gegen die Schreibtischkante.

Sie stürzte sehr unglücklich. Es war alles ein großes, schreckliches Versehen. Ich hatte sie doch nur geschubst, ganz sanft. Nach ihrem Sturz lag Gabi einfach so da. Einen Moment lang, eine kurze Sekunde. Dann eine Minute. Mehrere Minuten. Gabi blieb liegen und rührte sich nicht. Sie wirkte nicht so, als schliefe sie. Sie sah anders aus, als ich es jemals an ihr gesehen hatte und kannte. Ohnmächtige waren mir in meinem Leben noch nie untergekommen; das war gut, denn es beruhigte mich, und ich dachte: Gabi ist ohnmächtig. Das muss es sein.

Gabi lag auf dem roten Teppich, einen Arm weit von sich gestreckt quer über den Holzdielen.

Was sollte ich tun?

Wenn ich ehrlich bin, dann war ich zu diesem Zeitpunkt eigentlich froh darüber, dass Gabi ausnahmsweise ganz still war. Zwar wäre ich gerne mit meinen Vorwürfen, die nur allzu berechtigt waren, fortgefahren, doch bei Streitigkeiten ließ Gabi mich oft nicht ausreden, eine hässliche Charaktereigenschaft. Sie fiel mir ins Wort und drehte und verfälschte den Sachverhalt nach ihrem Gutdünken.

Jetzt aber schwieg sie.

Ich weiß nicht, was mich an diesem Sonntag trieb. Ich beschloss, dass es erst einmal das Beste sei, den Ort des Geschehens, Gabis Wohnung, zu verlassen. Ich wollte weg, ich wollte sie nicht sehen müssen. Außerdem kämpfte ich noch immer mit meiner Enttäuschung: Heute gab es für mich keine *Sendung mit der Maus*, keinen Lichtblick in einer tristen, grauen Woche. Ich hatte es am Vormittag bei mir zu Hause bewusst vermieden, sie alleine zu sehen, um mich noch mehr darauf freuen zu können, dies am Nachmittag gemeinsam mit Gabi und dem mitgebrachten Kuchen zu tun. Ich liebte unsere gemeinsamen Rituale, und ihretwegen versagte ich mir manches Mal ein einsames Vergnügen.

Inzwischen war es früher Abend. Der Frühling war gekommen, der schöne Mai, und draußen blieb es länger hell. Gabi wohnte in der Nähe des Landwehrkanals. An dessen Ufer ging ich entlang und wich dabei, wie immer, Radfahrern, Joggern und Hunden aus. Ein Ausflugsschiff namens *Friederike II* schipperte an mir vorüber; die Leute an Deck saßen wie in einem fahrenden Biergarten vor ihren Getränken, sie sahen alle so aus wie meine Eltern und starrten zu mir herüber. Eine Lautsprecherstimme verkündete, dass sie soeben die Hobrechtbrücke passiert hätten. Wie oft war ich hier mit Gabi spazieren gegangen. Manchmal hatten wir es mit Joggen versucht, aber nur selten. Ich erwies mich zu Gabis Leidwesen als unsportlich, und diese Tatsache bestrafte sie regelmäßig mit langen Vorträgen darüber, dass ich meine Kondition und meinen verweichlichten, schlaffen Körper auf Vordermann bringen müsse. Nach solchen Bemerkungen hatten wir uns oft gestritten.

Ich ging ruhelos und forschen, schnellen Schritts. Ich ging nicht spazieren, sondern marschierte stramm, bis ich ins Schwitzen geriet. Dabei sprach ich in Gedanken mit Gabi. Gabi, verstehst du nicht, was es mir bedeutet?, sagte ich zu ihr. Ich will mich nicht mit dir streiten. Ich will, dass alles wieder gut ist, aber du musst doch verstehen, wie sehr du mich damit verletzt. Die *Sendung mit der Maus*, sie wäre heute meine einzige Freude gewesen. Außer dir, natürlich. Komm, Gabi, lass uns den Streit vergessen. Ich bin bereit, dir zu verzeihen.

Vielleicht hätte ich doch nicht so einfach verschwinden, die Wohnung verlassen sollen? Wenn ich gleich zurückkomme, dachte ich bei meinem Spaziergang am Kanal, als *Friederike II* schon längst außer Sichtweite war, und auch ich selbst war so weit und so lange marschiert, dass vermutlich bereits eine Stunde verstrichen war, wenn ich zurückkomme, dann gibt es zwei Möglichkeiten: Gabi ist wütend, weil ich ohne ein Wort gegangen war, oder, das wäre die schönere Möglichkeit, die beziehungsfreundliche und der Liebe zuträgliche, Gabi wird sich nun endlich für ihr Versäumnis entschuldigen und hoch und heilig versprechen, nie, niemals wieder die Aufzeichnung der *Sendung mit der Maus* zu vergessen.

Mit einer anderen Möglichkeit rechnete ich nicht. Schon gar nicht mit der, die mich erwartete.

Am Kiosk kaufte ich ein Eis, *Cornetto Erdbeer*, denn ich wusste, dass Gabi diese Sorte mochte. Meldete sich da mein schlechtes Gewissen? Hatte ich vielleicht übertrieben reagiert? Ich weiß es nicht. Inzwischen war es ganz überraschend Abend geworden. Wie lange war ich am Kanal spazieren gegangen? Eine halbe Stunde? Eine Stunde? Länger? Ich beeilte mich, um das Eis noch in gefrorenem Zustand Gabi überreichen zu können, als eine Art kleine Friedensgabe, begegnete in ihrem Hausflur dem Neandertaler namens Sulz, der über ihr wohnte und wie immer kein „Guten Tag" über die Lippen brachte – Unhöflichkeit und schlechte Manieren sind mir ein Gräuel, ich verabscheue sie –, schloss mit meinem Schlüssel, den ich selbstverständlich von Gabis Wohnung besaß, die Tür auf, erfreute mich bereits an ihrer zu erwartenden Begeisterung über das mitgebrachte Eis, und dann hatten wir ja auch noch den Kuchen, dachte, dass wir es sicher rechtzeitig schafften und den *Tatort* um

20.15 Uhr sehen konnten, wenn wir uns nur schnell genug wieder vertrugen, und betrat ihre Wohnung.

Dort war es ganz still. Unheimlich still. Die Wohnung klang nach nichts, nach gar nichts, seltsamerweise roch sie auch nach nichts, nur nach Abwesenheit und Leere – so, als wäre die Inhaberin im Urlaub, so wie eine Wohnung klang und roch, wenn man nachts von einer Reise zurückkehrte und dann eine dunkle, stille, verwaiste Wohnung betrat, in der es keine Geräusche gab, kein einziges, nur das beständige Brummen des alten, stromfressenden Kühlschranks und die Schritte auf dem Holzfußboden in der Wohnung darüber.

Der Fernseher lief nicht, keine Musik, weder Geräusche aus der Küche, noch aus dem Badezimmer. Keine Schritte, keine Begrüßung.

Vielleicht ist Gabi ebenfalls spazieren gegangen, dachte ich. Vielleicht kam sie auf dieselbe Idee. Wie bedauerlich, dass wir uns draußen nicht getroffen haben. Wir hätten zusammen *Friederike II* hinterherblicken und planen können, auch einmal solch eine Schiffsfahrt zu unternehmen, sonntags nach der *Sendung mit der Maus*.

Vielleicht liegt Gabi schon im Bett, dachte ich.

Es war so still in ihrer Wohnung.

Vielleicht liegt Gabi schon im Bett und schmollt, dachte ich.

Bestimmt ist es so. Sie schmollt. Es wäre nicht das erste Mal gewesen und würde zu ihr passen. Gabi war eine äußerst nachtragende Person, die selbst Kleinigkeiten lange nicht verzieh.

Die Dämmerung brach langsam herein, und da Gabis Wohnung im ersten Stock lag, wäre jetzt Licht erforderlich gewesen. In ihrer Wohnung jedoch war es dunkel. Nicht stockdunkel – es herrschte ein Dämmerlicht, eines, bei dem man von melancholischen Gefühlen heimgesucht wurde. Plötzlich raste mein Herz und bummerte gegen meinen Brustkorb, als wollte es dringend aus diesem befreit werden. Ich ging zuerst in Gabis Küche und schaltete das Licht an. Ich trug noch meine Jacke. 20.15 Uhr, sagte der Wecker, der in der Küche im Regal stand. Eine gute Zeit, um sich schnell zu versöhnen und danach den *Tatort* zu sehen – hatte ich doch schon die *Sendung mit der Maus* verpasst. Frieden und ein geruhsamer *Tatort* standen mir eindeutig zu. Ich war eine Stunde spazieren gegangen, schätzte ich. Eine Stunde, das war eine gute Zeit, genau die richtige, um die Wut verrauchen zu lassen und zu sagen: Schwamm drüber! Nach einer Stunde hatte sich meistens alles von selbst geklärt, und die Sehnsucht meldete sich wieder. Die Sehnsucht nach der Freundin oder die nach der Gewohnheit.

Ich legte das *Cornetto Erdbeer* in das Gefrierfach des Kühlschranks und schlug ihn so fest zu, dass die Flaschen darin gegeneinander stießen und klirrten. Warum kam Gabi nicht in die Küche, um mich zu begrüßen? Warum rief sie nicht wenigstens nach mir?

Ich verließ die Küche, trug noch immer meine Jacke, schaltete das Licht im Flur an und betrat Gabis Wohnzimmer, in dem auch der Schreibtisch stand. Dort entdeckte ich sie.

Sie lag unverändert auf dem kleinen roten Teppich. Einen Arm hatte sie weit von sich gestreckt, quer über den Holzdielen. Ich sah die Sommersprossen auf ihrem Arm. Gabi hatte sich seit meinem Verlassen der Wohnung keinen Millimeter bewegt. Ihr Kopf lag vor dem Schreibtisch, exakt so wie vor einer Stunde. Oder waren es zwei Stunden gewesen?

Es war 20.20 Uhr. Der *Tatort* hatte begonnen. Mir war heute doch bereits die *Sendung mit der Maus* verwehrt worden – und nun auch noch der Anfang des *Tatorts*. Den Anfang eines Krimis zu verpassen, nahm mir die halbe Freude daran. Morgen früh musste ich acht Stunden bei Krom und Glans schuften, langweilige Akten ordnen und ebenso langweilige Korrespondenz tippen, in ständiger Furcht, meine Chefin Brigitte Glans könnte das Ende meines Arbeitsverhältnisses im Laufe des Tages nicht nur andeuten wie letzte Woche, sondern zur unumstößlichen und grausamen Gewissheit werden lassen.

Die Stimme der Vernunft sagte mir: Es ist nicht normal, dass Gabi immer noch auf dem Fußboden liegt. Es ist ausgesprochen merkwürdig. Mehr als das. Und soweit ich wusste, dauerte eine Ohnmacht gewöhnlich doch nicht so lange.

Nachdem ich die Schreibtischlampe eingeschaltet hatte, glänzten Gabis Haare in einem schönen, honiggelben Ton. Gabi war seit sechs Jahren meine Lebensgefährtin, ich kannte ihren Körper in- und auswendig – aber jetzt wagte ich nicht, sie zu berühren. Ich wagte nicht einmal, mich ihr bis auf zwei Schritte zu nähern.

Ich war ratlos. Ihre Haare glänzten frisch gewaschen, in diesem wunderschönen Ton, doch ich wusste, dass sie es nicht waren. Vor unserem Streit über die *Sendung mit der Maus*, als alles noch gut war, hatte ich meine Nase in ihren Haaren vergraben, und sie hatten diesen leicht ungewaschenen Geruch verströmt, den ich besonders an ihnen liebte. Mein Herz begann wieder, wie wild zu pochen, so, als hätte ich mit meinem untrainierten, verweichlichten Körper mehrere Hundert-Meter-Spurts hintereinander absolviert; mein Herz gebärdete sich, als wollte es gleich aus meiner Brust springen, wie die sabbernden kleinen Biester in den *Alien*-Filmen, wenn sie bösartig zischend aus dem Brustkorb ihrer Wirte platzten.

Ich trug noch immer meine Jacke, eigentlich eine Winterjacke, und zusätzlich zum Herzrasen, begann ich nun zu schwitzen. Ich ging in die Küche, setzte mich auf einen Stuhl, um ruhelos sofort wieder aufzustehen. Ich öffnete den Kühlschrank und entnahm ihm das mitgebrachte *Cornetto Erdbeer*. Ich hob den Pappdeckel von der Eiswaffel, riss die Verpackung herunter und warf beides ordentlich in den Müll.

Ich konnte doch jetzt nicht einfach Gabis Eis essen? Schließlich hatte ich es ihr zur Versöhnung mitgebracht. Doch ich tat es – und ich muss sagen, mein Fall war es nicht. Ich bevorzugte eher *Cornetto Nuss* oder Vanille-Eis am Stiel, von einer fruchtigen Schicht umrahmt, die nach Orange und Maracuja schmeckte.

Ich aß das Eis nur zur Hälfte, den Rest übergab ich dem Müll. Er wurde von einem kleinen Schwarm aufgescheuchter Fruchtfliegen umkreist.

Dann rief ich den Notarzt an.

Ich lebe nun seit einem knappen Jahr in dieser Anstalt.

Ich könnte nicht behaupten, dass es mir allzu viel ausmacht, und ich habe auch keinen Grund zur Klage. Es gibt Schlimmeres, als hier zu sitzen. Ich habe meinen geregelten Tagesablauf – ich liebte schon immer die Gewohnheit –, und mit den Gegebenheiten arrangierte ich mich nach wenigen Wochen. Unter den Gefangenen wurde ich schnell zur Streberin, denn ich benahm mich stets artig. Meine Zelle ist klein und übersichtlich. Ich habe mich an die Anstalt gewöhnt und betrachte sie inzwischen fast als mein Zuhause. Die anderen Insassinnen lassen mich weitgehend in Ruhe, und so lebe ich abgeschottet vor mich hin.

Als ich an jenem Sonntag vor inzwischen gut eineinhalb Jahren endlich den Notarzt gerufen hatte, war es bereits zu spät. Danach ging alles sehr schnell.

Meine Eltern fielen aus allen Wolken. Meine Mutter weinte am Telefon, mein Vater schrie, dass so etwas Perverses ja eines Tages passieren musste. Inzwischen hat sich das gelegt. Sie besuchen mich regelmäßig – sonst niemand –, und meine Mutter bringt mir selbst gebackenen Kuchen mit, Kirschkuchen mit Streuseln, den mag ich am liebsten.

Brigitte Glans, meine Chefin – oder ich sollte besser sagen: meine ehemalige Chefin – aus der Kanzlei Krom und Glans übernahm meine Verteidigung. Das Urteil lautete: Zwei Jahre ohne Bewährung. Grob fahrlässige Tötung lastete man mir an. Gabi war infolge des Sturzes an einer Hirnblutung gestorben.

Neben vielen anderen Personen hatte mich damals auch Brigitte Glans mehrfach gefragt: „Cordula, warum haben Sie das getan?" (War es dabei unbedingt erforderlich, meinen Vornamen zu sagen?) "Warum um Himmels willen sind Sie spazieren gegangen? Warum riefen Sie nicht sofort den Notarzt?“

Warum nicht? Ich weiß es nicht mehr. Ich war der festen Überzeugung, mit Gabi könnte nichts wirklich Schlimmes geschehen sein. Schließlich hatte ich sie nur geschubst. Außerdem genoss ich diesen Moment wohltuender Ruhe sehr, als sie dort auf dem Fußboden lag und schwieg. Es war ganz still gewesen. Der ständige Streit der Nachbarn und das Geplärre von gegenüber in Gabis Hinterhof waren in diesem Augenblick plötzlich verstummt. Sogar die Vögel, die sich normalerweise gerne lautstark auf den Bäumen im Hof versammelten, schwiegen ausnahmsweise. Es war keine Feuerwehrsirene von ferne zu hören – nichts. Ich hörte nur meinen eigenen Herzschlag und aus der Küche den altersschwachen Kühlschrank, als er sich wieder einschaltete. Für einen Moment herrschte diese himmlische Ruhe. Keine Musik. Kein Fernseher. Kein Gezwitscher. Kein einziges Geräusch. Stille. Es war ein bisschen so, als wäre die Welt stehen geblieben.

Natürlich vermisse ich Gabi. Ich vermisse sie sehr. Und ich muss büßen, das sehe ich ein – doch andererseits, ich habe Gabi geliebt. Mehr als alles andere. Ich weiß das. Ich tröste mich über all das hinweg, indem ich mich meinem geordneten Tagesablauf widme und ganz darin aufgehe. Ich lebe hier vor mich hin, fast wie in einem Kloster.

Neuerdings habe ich mir sogar angewöhnt, am Sonntag den hiesigen Gottesdienst zu besuchen, auch wenn mich das selbst am meisten überrascht. Vorher war ich das letzte Mal mit vierzehn Jahren in einer Kirche gewesen, anlässlich meiner Konfirmation. Aber an jedem Sonntagvormittag spüre ich diese schreckliche Lücke, die in mein Leben gerissen wurde, deutlich und schmerzhaft, und ich muss sie mit irgendetwas füllen. Der Gefängnispfarrer macht seine Sache nicht schlecht, obwohl er keine gute Quote hat, fünf, sechs Insassinnen sind am Sonntag anwesend, hin und wieder sogar zehn – mehr aber nie. Sein Gottesdienst findet von zehn bis elf statt, manchmal dauert es auch etwas länger. Er beruhigt und entspannt mich, ich kann dabei vor mich hinträumen und an Gabi denken und daran, wie schön unsere gemeinsame Zeit war. Sie hätte noch ewig so weitergehen können. Wir hätten uns niemals getrennt. Ganz sicher nicht. Was ist wohl mit all ihren Videokassetten geschehen?

Auf dem Weg von der kleinen Kapelle zu meiner Zelle komme ich jedes Mal am Gemeinschafts-Fernsehraum vorbei. Immer wieder habe ich auf die Klinke gedrückt, doch vergebens, die Tür war stets verschlossen. Mein Versuch, von den anderen den Schlüssel zu organisieren, schlug ebenfalls fehl – sie mögen mich nicht.

Heute ist Sonntag. Der Gottesdienst ist gerade beendet. Der Pfarrer, von seiner eigenen Predigt selbst ganz berauscht, hat überzogen und gibt uns sieben Insassinnen nun zum Abschied die Hand.

„Bis zum nächsten Sonntag“, sagt er und sieht mir in die Augen. „Und Sie wissen ja, wenn irgendein dunkler, qualvoller Kummer Ihre Seele belastet, können Sie sich jederzeit an mich wenden.“

Dunkler, qualvoller Kummer. Was für ein schöner Ausdruck. Ich muss plötzlich an Gabis nackten Arm denken, dort auf den kalten Holzdielen, an die Sommersprossen auf ihrer Haut. Gabi trug damals, als es passierte, ein ärmelloses T-Shirt und war gerade im Begriff, sich umzuziehen, doch dazu kam es nicht mehr, und der nackte Arm auf dem kalten Fußboden tut mir bis heute unendlich Leid und rührt mich zu Tränen. Sie wirkte so schutzlos und verletzlich.

Die Tür zum Gemeinschafts-Fernsehraum ist heute nur angelehnt. Ich bleibe davor stehen und strecke meine Hand aus, um sie aufzuziehen, doch dann zögere ich. Vielleicht sollte ich lieber, wie an jedem Sonntag, bis zum Mittagessen in meine kleine, übersichtliche Zelle gehen.

Schließlich aber betrachte ich die angelehnte Tür als Einladung und öffne sie einen Spalt – groß genug, um in den Raum hineinzublicken. Er ist leer, bis auf die neue Wärterin Frau Pusch, die dort ganz alleine direkt vor dem Fernseher sitzt. Vorsichtig schiebe ich mich in den Raum.

„Ah, Sie sind es“, sagt sie, als sie mich bemerkt und sich kurz umdreht. „Kommen Sie her und setzen Sie sich zu mir. Beeilen Sie sich, schnell.“

Ich setze mich folgsam neben die Wärterin Frau Pusch, die einen völlig entspannten Eindruck macht.

„Wussten Sie, wie Stangen-Ei gemacht wird?“, fragt Frau Pusch mit großem Ernst, ohne den Blick vom Fernseher zu wenden. „Das gibt es hier bei uns doch immer zu essen. Brrr.“ Frau Pusch schüttelt sich. „Ich habe mich schon immer darüber gewundert, wie es aussieht. So gleichmäßig. Irgendwie nicht natürlich. Da! Sehen Sie?“ Sie zeigt mit dem Finger auf den Bildschirm.

Dort werden gerade Eier automatisch aufgeschlagen, Eiweiß und Eigelb voneinander getrennt. Die empfindlichen Eidotter rollen in ihrer dünnen Hülle auf einem Fließband davon und bleiben erstaunlicherweise völlig unversehrt. Gebannt blicke ich zum Bildschirm. Ich bange um die zarten, gelben Dotter, und Frau Pusch neben mir bangt mit, das spüre ich. Aus den Augenwinkeln sehe ich, dass sie näher zum Fernseher gerückt ist, noch näher, als wollte sie die Dotter persönlich beschützen. Das glibberige Eiweiß und die Dotter werden dann gesondert in verschiedene Richtungen geleitet und gequirlt. Das Eigelb fließt in eine Röhre, und zwar in eine, die wiederum in einer anderen Röhre steckt, wie ein Mückenstachel. Über die Konstruktion eines Mückenstachels weiß ich Bescheid, da ich im Fernsehen auch informative Tiersendungen aufmerksam verfolge. In der äußeren Röhre befindet sich das Eiweiß, das nun durch Erwärmung langsam erstarrt; das Gleiche geschieht in der inneren mit dem Eigelb. Am Schluss wird die innere Röhre herausgezogen – fertig ist das Ei! Ein stangenförmiges Kunst-Ei, dessen Eiweiß ebenso gleichförmig rund ist wie sein Eigelb. Von außen sieht das Ergebnis wie eine blasse, weiße Wurst aus. Ich denke an mit Eierscheiben belegte Brote, und mir wird einiges klar.

Frau Pusch gibt noch einmal ihrem Erstaunen Ausdruck. „Wie lehrreich diese Sendung ist“, murmelt sie.

Dann erscheint der kleine blaue Elefant, der sich diesmal als besonders listig erweist und sich nicht von der Maus unterbuttern lässt.

Endlich! Endlich habe ich gefunden, wonach ich suchte. Ich weiß, wo ich nächste Woche um die gleiche Zeit wieder sitzen werde, neben Frau Pusch, einer verwandten Seele.

Aber Eierbrote, das schwöre ich, werde ich nie wieder essen.

Unbeirrbar verfolge ich mein Ziel

Ich habe ihr heute wieder Blumen schicken lassen. Gelbe Rosen. Ihre Lieblingsblumen. Sie liebt gelbe Rosen, das weiß ich. Sie wird sie in die große Kristallvase stellen, denn es sind viele gelbe Rosen, neunundvierzig an der Zahl, und die Kristallvase wird ihren Platz auf dem eleganten Tisch aus Kirschholz im Esszimmer finden, an dem wir manches Mal zusammen gesessen haben. Ich kann es regelrecht vor mir sehen, ohne dort zu sein, das Arrangement der neunundvierzig Rosen. Ich kann ihr Gesicht vor mir sehen und ihre kräftigen Hände, die die Rosen in der Vase ordnen. Jeden Tag träume ich von ihren Händen.

Ihr Geburtstag liegt schon einige Wochen zurück. Die Rosen stellen eine kleine Aufmerksamkeit zwischendurch dar, für jedes ihrer Lebensjahre eine gelbe Rose. Ich bin erfindungsreich und darüber hinaus einfühlsam, was kleine Aufmerksamkeiten betrifft. Ich bedenke sie regelmäßig damit. Ich verwöhne sie – aber nicht zu sehr, darauf muss ich Acht geben. Wohl dosiert müssen die Geschenke und Bekundungen sein, auf keinen Fall darf ich damit übertreiben. Schenken ist eine ganz besondere Kunst, in der ich mich regelmäßig übe. Steter Tropfen höhlt den Stein.

Ich bin ausdauernd. Ich halte lange durch. Ich lasse nicht locker. Edit Neuhaus entkommt mir nicht.

So war ich schon immer. Schon als kleines Kind. Meine Eltern, denen diese Eigenart nicht entging, waren der Ansicht, mit meiner Zähigkeit und meinem Durchhaltevermögen sei ich prädestiniert für den Sport, doch ich richtete meine Energie bereits früh auf andere Ziele, weitaus lohnenswertere, wie ich fand, als darauf, bei irgendeinem albernen, mittelmäßigen Schulwettbewerb den ersten Platz zu ergattern.

In der Grundschule hatte ich mir Annette Trautmann als Freundin auserkoren. Sie war so ein Ziel, das erste wichtige, das mir heute noch gegenwärtig ist. Eines Tages im Unterricht fasste ich plötzlich den Entschluss, dass sie meine Freundin werden müsse. Ich betrachtete damals Annette Trautmann von hinten – sie saß zwei Reihen vor mir –, sah direkt auf ihren ordentlichen, blonden Pferdeschwanz, der sich so grundlegend von meinen kurzen, mausbraunen Haaren und dem Jungenhaarschnitt, den mir der Vorortfriseur immer verpasste, unterschied, und mit einem Mal war es so, als hinge mein Leben davon ab, dieses mädchenhafte, ätherische Wesen, das nach Weichspüler und Hautcreme duftete, zur Freundin zu haben. Nicht, dass Annette Trautmann davon etwas wusste oder auch nur ahnte. Ich erinnere mich nicht mehr daran, was mich an ihr reizte; rückblickend habe ich sogar den Eindruck, dass sie ein scheußliches Mädchen war, brav und bieder, von der Sorte, die sich immer bei der Lehrerin einschmeichelte. Aber damals setzte ich alles daran, mein Ziel zu erreichen. Und ich schaffte es.

Edit Neuhaus und ich sind füreinander bestimmt. Das sah ich sofort. In der allerersten Sekunde. Gleich, als ich ihr Büro betrat und sie höflich aufstand, was mich sogleich für sie einnahm, die Lesebrille umständlich absetzte und mir die Hand reichte. Ihre Hand fiel mir auf, weil sie kräftig war, so, als könnte sie zupacken, und weil sie einen winzigen Augenblick zu lange in meiner lag. Edit Neuhaus lächelte und sagte: „Hallo, Frau Eberhardt. Willkommen! Ich hoffe, wir werden gut zusammenarbeiten."

Ich sah sie an, und im selben Moment wusste ich es.

Die meisten Menschen, denen es aufgrund ihrer dumpfen Mittelmäßigkeit nicht vergönnt war, das zu erleben, was Edit und mir widerfuhr, würden sagen: So ein Unsinn! Sie würden sagen, es sei bloßer Zufall gewesen, dass wir uns kennen lernten, und das Schicksalhafte dieser Begegnung leugnen. Doch ich weiß es besser.

Es war kein Zufall, dass wir uns trafen. Solche Zufälle gibt es nicht. Es war Bestimmung. Vielleicht klingt es albern, aber genauso war es. Das weiß ich. Nun muss ich endlich Edit dazu bringen, dass sie die Größe begreift, die Einzigartigkeit, gegen die auch sie sich nicht wehren kann – und zwar rasch. Mir bleibt nicht viel Zeit.

Dr. Edit Neuhaus arbeitet als Lektorin für den Schulbuchverlag, in dem ich direkt nach meinem Studium ein sechsmonatiges Volontariat begonnen habe. In einem Monat geht es zu Ende. Die Zeit rast. Sie ist mein größter Feind. Die rasende Zeit droht, mir Edit zu stehlen. Nur noch vier Wochen. Genau genommen nur noch einundzwanzig Tage, Samstage und Feiertage habe ich bereits abgezogen. Ich weigere mich, darüber nachzudenken. Ich werde krank, wenn ich daran denke. Im Moment sehe ich Edit noch täglich, was mich ungemein beruhigt – doch was wird dann sein, nach Ablauf dieser letzten einundzwanzig Tage?

Heute ist wieder so ein elender, verfluchter Tag. Ein Sonntag. Seit ich Edit Neuhaus kenne, hasse ich das Wochenende. Es erscheint mir düster und leer und schier endlos. Zeit ohne Hoffnung. Am Montagmorgen steht vermutlich niemand so gerne auf wie ich, um endlich zur Arbeit fahren zu können. Am Montagmorgen bin ich glücklich und voller Zuversicht. Meistens erscheine ich viel zu früh im Büro, um meine Vorfreude richtig auskosten zu können. Arbeiten gehen, das bedeutet: Edit sehen. Edits kräftige Hände betrachten, ihre Stimme hören, mich über ihre Schulter beugen, wenn sie mir etwas erklärt, sie dabei wie zufällig berühren, ihr Parfüm riechen und ihren darunter liegenden, eigenen Duft.

Am Wochenende hingegen muss ich mich mit Jasmin herumschlagen, und es fällt mir immer schwerer. Jasmin ist meine Freundin. Vor einem Jahr sind wir zusammengezogen; damals erschien es mir richtig. Vor einem Jahr war Edit Neuhaus noch nicht in mein Leben getreten, und ich hielt die Entscheidung, mit Jasmin zusammenzuwohnen, für einen weisen Entschluss. Sich die Miete und den Alltag teilen, sich sehen, wann immer man will, nie mehr allein sein. Nie mehr allein zu Abend essen.

Doch inzwischen haben sich die Dinge grundlegend geändert. Ich bereue die damalige Entscheidung und fühle mich an Jasmin gekettet. Zielsicher stellt sie immer genau dann ihre Ansprüche, wenn ich in Ruhe von Edit träumen will. Am Wochenende, das mich verzweifeln lässt wie ein nie enden wollender, dunkler Novembertag, drängt Jasmin meistens darauf, gemeinsam etwas zu unternehmen; dabei könnte ich meine Zeit ohne sie viel sinnvoller verbringen, zum Beispiel, indem ich lange und ausgiebig in Edits Viertel spazieren gehe. Die Gegend, in der sie lebt, kenne ich inzwischen ebenso gut wie ihr Lächeln, die Form ihrer Ohren und ihren schlichten, aber exquisiten Kleidungsstil. Ich beginne weit außerhalb, nähere mich ihrem Haus in konzentrischen Kreisen und genieße das kribbelnde Gefühl der sich steigernden Aufregung, je dichter ich bei ihr bin und je größer die Möglichkeit wird, ihr zu begegnen. Manchmal parke ich auch in ihrer Straße und warte. Ich bin ausdauernd und zäh. Ich lasse nicht nach. Ich gebe nicht auf – niemals.

Schon unzählige Stunden verbrachte ich im Auto, in der Hoffnung, wenigstens einen kurzen Blick von ihr zu erhaschen. Vorausschauend nahm ich meistens eine Thermoskanne mit, da ich auf lange Wartezeiten eingestellt war; leider musste ich wegen des vielen Tees oft pinkeln und folglich diesen verheißungsvollen und viel versprechenden Ort immer wieder verlassen. Ich wollte nicht bei ihr klingeln, nicht deswegen. Sehnsüchtig blickte ich jedes Mal von meinem Beobachtungsposten zu ihrem Haus, doch immer, wenn sich dort an der Tür etwas rührte, war es nicht sie.

Freizeitbeschäftigungen dieser besonderen Art kann ich nur alleine nachgehen, das versteht sich von selbst. Einmal, ganz am Anfang meines Volontariats, überredete ich Jasmin zu einem Spaziergang in der Gegend, in der Edit lebt. Jasmin fiel aus allen Wolken. „Was ist denn mit dir los?“, fragte sie verwundert. „Du willst doch sonst nie spazieren gehen.“

„Na und?“, erwiderte ich patzig. „Heute will ich eben mal.“

Im Verlag hatte ich schnell herausgefunden, wo Edit wohnte. Es war gar nicht schwer, sie verriet es mir sogar selbst. Die alljährliche Verlagsparty stand bevor, eine Tradition im Schulbuchverlag, und diesmal wurde sie nicht beim Cheflektor Gerhardy, sondern bei Edit Neuhaus ausgerichtet.

Edit lebt in einer großen Hochparterre-Wohnung mit angrenzender Terrasse. Sie schwärmt oft davon. Im Sommer, so sagt sie, verbringe sie den größten Teil des Tages draußen, wenn sie nicht im Verlag sei, und erledige dort auch anfallende Arbeit. Wie bedauerlich, dass Edits Terrasse von der Straße nicht einsehbar ist. Sie erzählte beiläufig von der diesjährigen Feier, zu der ich als Volontärin auch eingeladen war. Ich witterte die günstige Gelegenheit und bot ihr schnell meine Hilfe bei den Vorbereitungen an.

Da kannte ich Edit Neuhaus ungefähr drei Wochen. Das Feuer war bereits entfacht. Drei Wochen lang hatten wir Tag für Tag diese Blicke getauscht, die intensivsten meines Lebens, Blicke, die unter die Haut gingen – endlich wusste ich, was damit gemeint ist.

Ich rechnete mir Chancen bei Edit Neuhaus aus, große Chancen. Ihre beste Freundin lebte seit zehn Jahren mit einer Frau zusammen, und Edit beschrieb diese Partnerschaft als die glücklichste, die sie kannte. Und ich hegte nie einen Zweifel – ich tue es bis heute nicht –, dass Edit ebenfalls Frauen liebt, dass sie genauso empfindet wie ich. Für Zweifel gab es keinen Grund, im Gegenteil. Innig waren ihre Blicke von Anfang an, und im Laufe der Zeit wurden sie schließlich verlangend und heißblütig. Wie oft legte sie mir die Hand auf den Arm und ließ sie einen langen, süßen Augenblick dort ruhen. Wie oft berührte sie mich wie zufällig. Edit Neuhaus liebt mich, dessen bin ich mir sicher. Edit Neuhaus muss erweckt und ermutigt werden. Noch zögert sie, sich zu ihren wahren Gefühlen zu bekennen, vor der Öffentlichkeit, vor den Kollegen und vor sich selbst. Dafür habe ich Verständnis – mit neunundvierzig Jahren sein Leben radikal umzukrempeln, fällt sicher nicht leicht.

Ich will Edit nicht bedrängen. Vielmehr will ich ihr eine liebevolle und zärtliche Gefährtin sein.

Edit wurde schnell zu meiner Leidenschaft, meiner Passion. Ich begehrte sie so sehr, dass es die Grenze zum Schmerz überschritt. Doch dieser Schmerz war zugleich ein wohliger, da ich wusste, dass alles unglückliche, ausweglose Sehnen ein Ende fände, sobald ich sie in meine Arme schließen würde.

Heute hat sich der Schmerz gewandelt. Wohlig ist er zu meinem Leidwesen viel seltener, und manchmal schlägt er sogar in Zorn um, einen Zorn, den ich nicht will und zu dem sie mich treibt.

Bei dem Verlagsfest war ich ihr eine große Hilfe. Ich schleppte Getränkekisten und stand lange in ihrer Küche, um Gemüse und andere Zutaten klein zu schneiden. Irgendwann im Verlauf des Nachmittags sagte sie: „Ich würde Sie gerne Elke nennen. Frau Eberhardt, das klingt doch ein bisschen unpersönlich. Und schließlich arbeiten wir das nächste halbe Jahr zusammen."

Innerlich frohlockte ich, als sie das sagte, ließ es mir aber nicht anmerken. Ich hatte gleich zwei Ziele auf einmal erreicht. Ich wusste nun, wo Edit wohnte, zukünftigen Besuchen stand also nichts im Weg. Und endlich nannte sie mich beim Vornamen. Wie sie mich dabei ansah! Bis zum ersten Kuss würde es nun gewiss nicht mehr lange dauern.

Edit Neuhaus ist ein bisschen etepetete. Ich mag das. Ich finde es entzückend und niedlich. Ich liebe und verehre alles an ihr. An jenem Nachmittag bereiteten wir ausnahmslos italienische Speisen zu, die sie alle mit perfektem Zungenschlag im Original aussprach. „Es gibt ja nichts Gesünderes als die italienische Küche!", schwärmte sie mehrmals begeistert. Sie unternehme jeden Herbst eine Reise nach Italien, sagte sie, ausschließlich zu dem Zweck, sich dort Olivenöl aus der neuen Ernte zu kaufen, eine unvergleichliche Delikatesse. Vor der Ankunft unserer Kollegen erklärte sie mir auch, seit wann und warum sie ihren Vornamen ohne „h" schreibe. Edit ohne „h", das sei einfach eleganter, leichter, feiner, und es entspreche ihr mehr.

In den wenigen Stunden bis zum Eintreffen der Gäste, die, wenn es nach mir gegangen wäre, ihr Erscheinen kollektiv hätten absagen können, wurden wir zusehends vertrauter miteinander. Ich war glücklich. In ihrer Wohnung bewegte ich mich bald mit solch einer Gelassenheit und Selbstverständlichkeit, als wäre ich schon oft dort gewesen. Aber schließlich würde ich auch noch oft dort sein, sehr oft. Ich begann zu träumen – diese Wohnung war auch groß genug für uns beide. Immer wenn Edit sagte, „Elke, was täte ich heute nur ohne Sie?“, dachte ich: Nicht nur *heute* – bald wirst du dir ein Leben ohne mich nicht mehr vorstellen können. Das „Du“ würde auch bald kommen, dessen war ich mir sicher. Mit vor Verlangen ganz rauer Stimme würde sie es mir ins Ohr sagen, das und noch viel mehr. Vielleicht würde sie es anfangs vor den Kollegen verheimlichen und mich im Verlag noch eine Weile siezen. Zuerst käme das „Du“, dann der Kuss. Obwohl ein Kuss in einem Stadium, in dem man sich noch siezt, sicher ungeahnte Reize birgt. In Edits Küche phantasierte ich, wie schön es sein würde, wenn später alle Gäste gegangen wären und ich als Letzte bliebe. Ich sah mich noch nicht direkt am Ziel, aber kurz davor.

Es kam dann alles ganz anders. Sobald die Kollegen eintrafen, benahm sich Edit plötzlich wie ein aufgescheuchtes Huhn, das in einem fort übertrieben laut gackerte. Die meiste Zeit redete sie in einer künstlich hohen Tonlage mit dem Cheflektor Gerhardy, einem alten, dicken, abgehalfterten Mann mit Glatze, dessen Hemd fast bis zum Bauch aufklaffte, weil sein grauer Brustpelz scheinbar das Einzige war, womit er prahlen konnte. Ekelhaft. Da ich ihn oft aus der Nähe gesehen habe, weiß ich, dass diese grauen Borsten auch aus seiner Nase und seinen Ohren sprossen. Ich war enttäuscht, dass die elegante Edit sich bei dieser Verlagsfeier nicht einer attraktiveren, ansehnlicheren Gesellschaft zuwandte, nämlich mir.

Ausdauer und Beharrlichkeit zählen zu meinen herausragenden Eigenschaften, das war schon immer so. Mit ihrer Hilfe verwand ich diesen unerfreulichen Abend schnell. Als ich nach der Feier zu Hause im Bett lag, machte ich mich bereits daran, neue Pläne zu schmieden. Jasmin schlief tief, fest und ahnungslos. Das war mir auch recht so. Sie hätte meine Konzentration empfindlich gestört. Wie waren wir damals bloß auf die Idee gekommen, in unserer Wohnung nur ein einziges, gemeinsames Bett aufzustellen? Ich legte mich zu Jasmin, ohne sie zu berühren, ich musste jede Irritation vermeiden, und dachte nach. Edit. Meine anfängliche Wut über den Abend, die mich eine Weile wach hielt, wandelte sich schließlich in zärtliche Gefühle, große Sehnsucht und neue Zuversicht. Ich würde es schaffen. So schnell werfe ich nicht die Flinte ins Korn.

Am nächsten Tag im Verlag gab ich mich Edit gegenüber zurückhaltender als sonst, und ich bemerkte, dass sie meine plötzliche Reserviertheit bekümmerte. Ich sprach sie mit „Frau Neuhaus" an, um sie zu bestrafen. Sie reagierte prompt, indem sie mit vorwurfsvoller Trauer im Blick sagte: „Edit. Bitte nennen Sie mich Edit. Darauf hatten wir uns doch gestern geeinigt." Ich sah diesen Hunger in ihren Augen, und er galt mir.

Ich ließ einige Tage verstreichen. Währenddessen blieb ich keineswegs untätig, sondern widmete mich jeden Abend den Gedichten Rainer Maria Rilkes. Edit Neuhaus war ein Feingeist, darüber konnten auch ihre kräftigen Hände nicht hinwegtäuschen, eine zarte Person, die sich in Wahrheit unverstanden und einsam in der Welt fühlte, was sie jedoch vor den meisten Menschen verbarg. Ich musste zu entsprechenden Mitteln greifen. Rilke, den sie hin und wieder erwähnt hatte, bot sich hervorragend an. Manchmal trat für einen kurzen Moment eine Verlorenheit in Edits Augen hinter der Lesebrille zutage, eine Verletzlichkeit, und ich wollte sie retten, sie umsorgen und lieben. Ich war das, was Edit dringend brauchte, kein Gerhardy, kein Jürgen und auch sonst niemand. Jürgen ist der Name ihrer letzten längeren Beziehung, und leider spukt er noch immer in ihrem Kopf herum. Ich muss ihn vertreiben. Ihr ganzes Leben hat Edit Neuhaus auf mich gewartet, ohne es zu wissen.

In den folgenden Tagen und Wochen war Edit unverändert aufmerksam und charmant und bedachte mich mit langen, tiefen

Blicken. Ich brannte darauf, sie endlich für mich allein zu haben, außerhalb des Verlags, doch mir war klar, dass ich es klug und sehr dezent anstellen musste. Ich hielt mich zurück und tat nichts, klemmte nur eine einzige gelbe Rose unter den Scheibenwischer ihres Autos. Edit sollte auf mich zukommen. Ich durfte nicht den Eindruck erwecken, mich ihr aufzudrängen, nicht in dieser frühen Phase.

Und eines Tages, als ich gerade mein Büro, das ich mir damals mit dem Praktikanten Jens teilen musste, verlassen wollte, geschah es. Jens war übrigens ein netter, aber leider äußerst widerlicher Mensch. Wenn er sich am Kopf kratzte, rieselten Schuppen gleich einer ganzen Packung kleingehäckselter Haferflocken auf seinen Schreibtisch, auch seine Schultern waren davon bedeckt. Zog er sich im Büro die Schuhe aus, was er bedauerlicherweise oft tat, dann roch es so, als hätte jemand mit einem Stück Parmesan, dem größten der Welt, fest über den Boden gerieben, auf den danach über Stunden hinweg gnadenlos die Sonne herniederbrannte. Aufgrund dieser unappetitlichen Umstände war ich erleichtert und schlug drei Kreuze, als Jens' Praktikum endlich vorüber war. Doch nach Jens folgte die blonde Maike, die sofort mit Edit schöntat und die mir bis heute im Weg steht. Vielleicht stellte Jens doch das kleinere Übel dar.

Edit stand an diesem Tag kurz nach Feierabend in der geöffneten Tür, klopfte an den Türrahmen und sagte: „Elke, ich wollte mich noch bei Ihnen bedanken. Dafür, dass Sie mir bei der Feier so selbstlos geholfen haben."

Bei dem Wort „selbstlos" musste ich innerlich schmunzeln. Doch andererseits – war Liebe nicht genau so? Selbstlos, nur auf das Wohl der anderen bedacht?

„Ich würde Sie gern zum Kaffee einladen", sagte Edit, die noch immer im Türrahmen stand. „Haben Sie vielleicht morgen Nachmittag Zeit? So gegen vier? Bei mir?"

Das war es. Das war die Einladung, die ich ersehnt hatte. In mir jubilierte es, ein Feuerwerk wurde gezündet. Geschafft! Ich hatte es endlich geschafft. Inzwischen kannten wir uns fünf Wochen. Eine

Einladung zum Abendessen wäre mir zwar weitaus lieber gewesen, weil sich an ein Abendessen die Nacht anschloss, aber darauf würde ich hinarbeiten.

„Ja, gerne komme ich zum Kaffee", antwortete ich und dachte bereits in derselben Sekunde darüber nach, was ich ihr mitbringen würde. Beim Verlagsfest hatte sie als Gastgeberin viele Blumen bekommen, und über einen gemischten Strauß, der leider von Gerhardy stammte, hatte ich sie sagen hören, wie sehr sie gelbe Rosen liebe. Gelbe Rosen. Diesmal mehr als nur eine einzige unter dem Scheibenwischer. Ich wollte Edit Neuhaus alles zu Füßen legen, was sie liebte.

Ich überlegte auch, was ich meiner Freundin Jasmin sagen würde. Jasmin begann schon damals damit, mich mit dem Wochenend-Terror zu quälen. Jedes Wochenende wie die Kletten zusammenkleben. Doch es war leicht, einen Vorwand zu finden. Ich begründete meine Verabredung mit der Arbeit im Verlag, die liegen geblieben sei. „Auch am Wochenende?", fragte Jasmin ärgerlich. „Findest du das nicht ein bisschen übertrieben? Wir wollten doch morgen Nachmittag ins Kino!"

Ich erklärte ihr, dass Arbeit nun einmal vorgehe und dass geistige Arbeit darüber hinaus niemals Urlaub habe, und sie war endlich still. Vielleicht würde schon bald der Fall eintreten, dass Jasmin sich zu einem immer schwereren Klotz am Bein entwickelte, wenn es mit Edit, meiner großen Liebe, rasch voranging. Und die Zeichen standen gut.

Die gelben Rosen verströmten einen zarten, süßen Duft, und die Sonne schien ins Zimmer, als wir uns an Edits Esstisch aus edlem Kirschholz gegenübersaßen. Wir schwiegen einige Sekunden, nachdem wir uns gesetzt hatten; ich betrachtete Edits anrührende Schönheit und hätte in diesem intimen Moment der Stille am liebsten geweint oder gebetet. Edit legte ihre Handflächen auf die Tischplatte, ihre Hände waren zum Greifen nah, direkt vor mir. Sie wirkten so, als ersehnten sie eine lange vermisste Berührung. Edit strich über das glatte Holz. Wie sehr spricht Liebe für sich, wie sehr vermag sie es von ganz alleine, ohne Worte zu benötigen? Sollte ich Edit jetzt alles sagen, ihr mein Herz öffnen, das schon seit Wochen nur für sie schlug, um es uns beiden zu erleichtern? In diesem Augenblick glaubte ich, verrückt zu werden, wenn ich es nicht sofort täte.

Sie fragte mich nach Jasmin, über die ich nur äußerst widerwillig sprach, und dann erwähnte sie den leidigen Jürgen, das Phantom, ihren Exfreund. Sie sei für Beziehungen nicht geeignet, sagte sie, denn alle seien früher oder später gescheitert. Sie lebe zu sehr für ihre Arbeit. Sie hoffe, dass ich mehr Talent für die Liebe hätte, und ich solle an Jasmin festhalten und mich glücklich schätzen. Ach, Edit.

Ich beobachtete ihre Hände auf dem Holz. Ich sah ihr tief in die Augen, bis auf den Grund ihrer Seele. Du irrst dich, dachte ich. Du bist für die Liebe gemacht. Mit mir wird alles anders werden, du wirst sehen. Ich denke nicht an Jasmin, hätte ich am liebsten gerufen, sondern an dich! Nur an dich! Aber ich verbot es mir.

Als ich an diesem Nachmittag ging, berührte ich zum Abschied leicht ihre Wange, und Edit zuckte zurück. Komm, lass dich fallen, dachte ich, aber ich sagte es nicht. Wie ich es verfluchte, in die gemeinsame Wohnung zu Jasmin, die ich inzwischen als mein altes Leben betrachtete, zurückkehren zu müssen.

In den folgenden Wochen setzte ich meine Rilke-Lektüre fort und grenzte die Auswahl ein. Ich suchte nach dem passenden Gedicht. Ich begann, Edit Briefe zu schreiben – altmodische mit der Post, auf dem Umschlag stets eine bunte Sondermarke –, obwohl ich sie jeden Tag im Verlag sah. Aber das reichte mir nicht. Uns verband etwas Besonderes, etwas, das die Kollegen nicht verstanden – sie verstehen es bis heute nicht – und das ihren jämmerlichen geistigen Horizont überfordern würde. Im Verlag litt ich zusehends, denn Edit war nah, aber gleichzeitig unendlich fern.

Ich träumte immer öfter von ihr. Ich war heillos verliebt, wie noch niemals zuvor – nein, das stimmt nicht, es war mehr. Viel mehr. Ich liebte Edit Neuhaus, vom ersten Moment an. Ich liebe sie auch heute. Heute ist es noch stärker, klarer und reiner geworden. Die Existenz Jasmins wurde mir von Tag zu Tag lästiger. Und zugleich wuchs in mir die Gewissheit, dass es nicht mehr lange auf sich warten lassen würde, bis Edit Neuhaus und ich endlich als Paar zueinander fänden.

Nachdem ich Edit den ersten Brief – weitere sollten folgen – mit einem beigefügten Gedicht Rilkes geschickt hatte, war ich enttäuscht über die zunächst ausbleibende Reaktion. Normalerweise bedankte sie sich für jede kleine Aufmerksamkeit. Ich betrat den Verlag mit Herzklopfen, mit noch stärkerem als sonst, und erwartete alles Mögliche – jedoch nicht, dass sie mich keines Blickes würdigen würde. Ich fragte mich, ob der Brief sie überhaupt schon erreicht hatte. Ich fragte mich, ob ich sie darauf ansprechen solle.

Den ganzen Tag musste ich die blonde Maike ertragen, die neue Praktikantin, die mir altklug in die Arbeit hineinredete. Es war nicht zu überhören, dass sie mit ihrem kindlichen, unreifen Gemüt für Edit schwärmte, so oft, wie sie sie erwähnte. Ich hätte weinen können. Weinen und schreien. Warum sagte Edit denn nichts? Warum ignorierte sie mich?

Ich hatte extra meinen alten Schulfüller herausgesucht, da ich wusste, dass Edit Füllfederhalter liebte. Mein Brief war kurz gehalten. Dazu hatte ich ein Rilke-Gedicht gelegt:

Mein Leben ist wie leise See:
Wohnt in den Uferhäusern das Weh,
wagt sich nicht aus den Höfen.
Nur manchmal zittert ein Nahn und Fliehn:
aufgestörte Wünsche ziehn
darüber wie silberne Möven.

Und dann ist alles wieder still ...
Und weißt du was mein Leben will,
hast du es schon verstanden?
Wie eine Welle im Morgenmeer
will es, rauschend und muschelschwer,
an deiner Seele landen.

Viel später am Tag bedankte sich Edit mit einer seltsam tonlosen Stimme, die ich noch nie von ihr gehört hatte, für den Brief. Sie murmelte etwas davon, dass wir darüber reden sollten. Zwar bekam ich es kurz mit der Angst zu tun – „Wir müssen darüber reden" kündigt meistens nichts Gutes an, das war schon in der Kindheit so –, aber ich sagte sofort zu, denn ich witterte eine neue Einladung. Als diese nicht kam, fasste ich mir ein Herz und fragte sie, wann sie Zeit habe und ob ich zu ihr nach Hause kommen könne. Sie schien überrumpelt und willigte ein.

Ihr Esstisch war mir vertraut, ebenso der Rest ihrer Wohnung. Nur Edit Neuhaus' Schlafzimmer kannte ich bedauerlicherweise noch nicht.

Nachdem wir eine Weile über den Verlag geredet hatten – mit dem leichten Anflug aufkommender Eifersucht nahm ich zur Kenntnis, dass sie die Praktikantin Maike mehrfach lobend erwähnte, „sie wird ihren Weg machen", sagte sie –, setzte Edit plötzlich eine ernste Miene auf.

„Elke", begann sie, „Elke ..." und dann verstummte sie sofort wieder.

Mir wurde ganz heiß. Jetzt war der Moment der Wahrheit gekommen. Ich ärgerte mich, denn ich hätte nicht darauf verzichten sollen, ihr Blumen mitzubringen; sie fehlten auf dem Esstisch. Hin und wieder eine Rose unter dem Scheibenwischer, das war zu wenig. Blumen auf dem Esstisch hätten Edits Eröffnungen den richtigen Rahmen gegeben.

Sag es, dachte ich. Sag es doch einfach!

„Was ich Ihnen sagen will", begann Edit noch einmal, „fällt mir nicht leicht."

Doch, dachte ich, doch, Edit, es geht ganz leicht. Komm. Komm her zu mir, sag es einfach, und du wirst sehen: Alles wird gut.

„Um nicht zu sagen, es ist sehr schwierig", fuhr Edit fort und wich meinem Blick aus. „Es geht um das Rilke-Gedicht. Im weitesten Sinn. Eigentlich geht es um Sie und mich und um unser Verhältnis zueinander. Ich möchte nicht, dass Sie sich da etwas erhoffen ..."

„Das Gedicht ist schön, nicht wahr?", lenkte ich ab.

„Ja, es ist schön", sagte Edit, „aber darum geht es jetzt nicht."

Ich wusste nicht, ob ich Edit anstarren sollte, ihre anrührende Schönheit, oder lieber wegsehen. Mein Herz klopfte. Sie musste es auch hören, so laut schlug es. Ich beugte mich ein wenig über den Tisch, näher zu ihr. „Muschelschwer", sagte ich heiser, denn unglückseligerweise hatte ich in diesem alles entscheidenden Moment meine Stimme nicht mehr unter Kontrolle, „muschelschwer, ist das nicht ein wunderschönes Wort?"

Edit ging nicht darauf ein, dabei ließ es sich mit ihr doch sonst so vorzüglich über die Schönheit von Sprache und Poesie reden. Wir waren verwandte Seelen. Aus diesem Grund hatte ich den Weg der Poesie gewählt. Edit wich auf ihrem Stuhl zurück, und ich musste mich noch weiter über den Tisch lehnen, um sie nicht zu verlieren.

„Ich weiß nicht, ob ich Sie vielleicht missverstehe", sagte Edit, „ich will Ihnen nicht zu nahe treten. Sollte das der Fall sein, dann verzeihen Sie mir ... aber das Gedicht ... dieses Gedicht ..."

Sie sprach nicht weiter, sondern stand auf. Sie schob die Hände in die Taschen ihrer eleganten, weiten Leinenhose, Edit war eine Augenweide, und schritt durch das Esszimmer. Ich war geneigt, es ihr gleichzutun, blieb dann aber sitzen und begnügte mich mit ihrem Anblick.

„Vielleicht irre ich mich ja auch", sagte Edit und sah mich kurz an. „Aber die Rosen unter dem Scheibenwischer ... Sie sind doch glücklich mit Ihrer Freundin, oder?"

Was sollte ich darauf antworten? Sollte ich ihr sagen, wie lästig mir Jasmin inzwischen geworden war und dass ich tagaus, tagein und besonders in der Nacht nur an *sie* dachte? Dass ich mich nach ihr verzehrte? Dass *sie*, Edit Neuhaus, meine große und einzige Liebe war? Das erschien mir im Moment unklug. Ich durfte jetzt auf gar keinen Fall etwas falsch machen. Also riss ich mich zusammen und beschrieb Jasmins und meine Beziehung in lobenden Worten. Aber möglicherweise war genau das der entscheidende Fehler. Vielleicht wollte sich meine feinsinnige, edelmütige Edit nicht in eine intakte Partnerschaft drängen.

Edit betrachtete mich mit einem skeptischen Blick. Ich schließe nicht aus, dass ich mich an diesem Nachmittag in meiner Wahrnehmung täuschte und dass das, was ich damals für Skepsis hielt, in Wirklichkeit ein tiefer Schmerz war, den sie jedoch nicht zeigen wollte. Heute bin ich mir ganz sicher, dass es so war.

Bald darauf verließ ich ihre Wohnung. Dieser Nachmittag war keineswegs nach meinen Wünschen verlaufen. Ich hatte nichts erreicht, ich war keinen Schritt weitergekommen. Draußen zitterte ich am ganzen Körper. Schließlich wurde ich wütend, und auf dem langen Heimweg, den ich zu Fuß bewältigte, hatte ich Mühe, diesen plötzlichen Zorn, der sich meiner bemächtigte und sich ins Grenzenlose steigerte, zu bezähmen. Also rannte ich nach Hause und kam dort nach einer halben Stunde schweißgebadet und völlig außer Atem an.

Ich schloss mich sofort im Badezimmer ein, ohne Jasmin zu begrüßen. Zuerst saß ich eine Weile untätig auf dem Klodeckel und starrte auf den Fußboden. Mit den Augen verfolgte ich angestrengt die Fugen zwischen den Fliesen. Dann ließ ich Wasser in die Wanne laufen. Ich suchte Trost in der Badewanne, doch ich fand ihn dort nicht. Dass ein warmes Bad Trost spenden könne, ist schlichtweg eine Lüge.

Jasmin drückte irgendwann die Türklinke herunter, klopfte und sagte: „Was ist denn los? Du schließt doch sonst nie ab! Ist alles in Ordnung?“

„Ja, ja", knurrte ich.

„Sollen wir noch ins Kino gehen?", fragte Jasmin durch die geschlossene Tür. „In die spätere Vorstellung?"

„Nein, keine Lust", erwiderte ich und planschte demonstrativ mit dem Badewasser.

Jasmin sollte mich gefälligst in Ruhe lassen. Ich war wütend und enttäuscht, und zum ersten Mal, seit ich Edit kannte, stiegen leise Zweifel in mir auf. Doch ich verscheuchte sie. Ich musste sie vertreiben, wenn ich weiterleben wollte. Ich musste sie ausmerzen. Zweifel nagen und bohren und fressen von innen auf, bis sie am Ende alles restlos überwuchert haben. Zweifel machen krank.

Ich zwang mich zur Ruhe. Der unbedingte Wille, mein Ziel zu erreichen, siegte erneut. Hatte ich meine Ziele nicht immer erreicht? Ich stellte mir Edits Schönheit vor, ihre Anmut, ihr Lächeln, ihre Lippen, die von hauchzarten Fältchen umkränzt sind, vor denen ich am liebsten andächtig niederknien würde, vor jedem einzelnen an ihrem Leib. Könnte ich ihren Leib doch endlich sehen und spüren. Edit Neuhaus ist zwanzig Jahre älter als ich. Aber was spielt dieses unwichtige Detail für eine Rolle, angesichts des Ausmaßes unserer Liebe?

Nach einer Stunde im Badezimmer hatte ich mich wieder so weit im Griff, dass ich Jasmin unter die Augen treten konnte. Wir aßen zu Abend, alles schien normal und wie immer zu sein, aber mit meinen Gedanken war ich weit weg. Mein Zorn hatte sich gelegt. Zumindest glaubte ich das. Ich dachte nun wieder sanft, zärtlich und voller Sehnsucht an Edit.

In Wahrheit schwelte dieser Zorn unter der Oberfläche und war keineswegs erloschen, wie sich in den folgenden Wochen zeigen sollte.

Bei der Arbeit gingen Edit und ich uns eine Weile aus dem Weg. Ich sah sie nur von weitem, an manchen Tagen gar nicht. Edit machte sich rar, und es brach mir das Herz. In den ersten Wochen meines Volontariats hatte ich häufig mit ihr in ihrem Büro Tee getrunken und über die Arbeit geredet. Ihr gegenüberzusitzen und sie anzusehen, hatte stets ausgereicht, um aus einem gewöhnlichen einen ganz besonderen Tag zu machen. In diesen glückseligen Momenten in ihrem Büro hing ich an ihren Lippen, um ihre Klugheit einzusaugen, Wort für Wort. Ich liebe ihre Stimme. Ich liebe ihre Gedanken und die Art, wie sie sie formuliert. Ich ertrug es nicht, plötzlich darauf verzichten zu müssen.

In den ersten Wochen des Volontariats war ich jedes Mal hingerissen von ihrem Schreibtisch, auf dem sich Berge von Manuskripten, Büchern, Lexika und Notizen türmten, und dazwischen saß sie, ein wenig versteckt hinter ihrer Lesebrille. Unsere Teetassen fanden kaum Platz auf dem überfüllten Tisch. Wochenlang hatte ich Edit mit ihrer ganz eigenen Art der Ordnung geneckt; das war ein Spiel zwischen uns, ein Spiel unter Verliebten, und sie ließ es geschehen. Mehr noch – sie genoss es. „Frau Eberhardt, Sie sind mir ein bisschen zu frech", sagte sie oft, und wenn sie es sagte, fühlte es sich an wie eine Berührung, als würde sie mich streicheln, so sanft, dass es fast schmerzte.

Was trägt Edit Neuhaus im Sommer, wenn sie lesend auf ihrer Terrasse liegt? Und was trägt sie im Bett? Wie oft habe ich in den letzten fünf Monaten schon ihr Haus beobachtet, und wie oft habe ich es verflucht, dass es keine Möglichkeit gab, auf ihre Terrasse zu blicken. Wegen der Vorhänge auf der Straßenseite bleibt mir die Einsicht in ihre Wohnung ebenfalls verwehrt.

Oh, wie glücklich war ich in den ersten Wochen im Verlag. Ich dachte mir immer neue kleine Aufmerksamkeiten aus. Ich wollte erreichen, dass Edit auch nach der Arbeit an mich dachte, an mich und unsere zahlreichen, vor Geist und Witz sprühenden Gespräche. Ich brachte ihr unaufgefordert Tee oder Kaffee ins Büro und sagte ihr voller Fürsorge, dass sie mehr schlafen und weniger arbeiten müsse. Mit meinen Blicken küsste und liebkoste ich sie. Blumen steckte ich nicht nur unter den Scheibenwischer, sondern stellte sie manchmal auch in ihr Büro, morgens ganz früh, wenn noch niemand im Verlag war. Ich kaufte eine Flasche sündhaft teure Körpermilch, deren Duft sie mochte. Wenn wir von Kollegen umgeben waren, ließ ich auf dezente Weise durchblicken, wie vertraut Edit und ich uns waren. Es war eine schöne, unbeschwerte Zeit voller Hoffnung.

Und dann ließ sie mich links liegen. Nach dem ersten Rilke-Gedicht wagte ich nicht mehr, nachmittags einfach in ihr Büro zu spazieren, wie ich es vorher getan hatte. Sie fragte mich nicht mehr um Rat, wenn sie ein Computer-Problem hatte. Ich beobachtete sie von weitem. Ich musste mit ansehen, wie sie mit Gerhardy flirtete. Es versetzte mir einen Stich, jedes Mal. Es war so schwer zu ertragen, wenn sie eine andere Person mit diesem Blick ansah – auch heute kann ich es kaum verkraften. Heute weniger denn je. Mit diesem ganz bestimmten Edit-Neuhaus-Blick, der doch nur mir vorbehalten ist. Wenn ich sie im Verlag mit Gerhardy und anderen schwatzen sehe, trabt ein grünäugiges Warzenschwein namens Eifersucht heran und hält mich fest in seinen Klauen.

Als ich an einem dieser freudlosen Tage an Edits Büro vorbeiging, nahm ich zum ersten Mal das Schild neben ihrer Tür bewusst wahr: *Dr. Edit Neuhaus, Lektorin*. Großer Gott, ich liebe sogar ihren Namen. Weiße Pappe, die in einen Metallrahmen geschoben war. Ihre Tür war geschlossen, ich hörte sie dahinter telefonieren. Ich berührte die Türklinke und ließ meine Hand einen Moment darauf liegen. Es wäre ein Leichtes gewesen, jetzt einfach die Klinke herunterzudrücken, doch ich tat es nicht. Ich sah in den langen Gang, um zu überprüfen, ob mich jemand bemerkte, und strich dann sehnsüchtig über ihren Namen. Ich wollte ihre Wange berühren, keine Pappe, ich wollte die Tür aufstoßen und ihr um den Hals fallen. Es war armselig, ein kleines Pappschild zu streicheln, es war armselig und infantil. Vierzehnjährige tun so etwas und würden es sich vielleicht als Trophäe mit nach Hause nehmen, um es dort in einem geheimen, mit Samt ausgeschlagenen Kästchen aufzubewahren.

Später aß ich den Rest meiner Pizza, die ich mir beim Italiener geholt hatte, auf dem Weg zu meinem Büro. Ein Pilz, an dem Käse und Tomatensoße klebten, rutschte von der Pizza und fiel zu Boden. Es geschah direkt vor Edits Büro. Ich bückte mich, hob den öligen Pilz auf – und aus einer plötzlichen, nicht erklärbaren Laune heraus warf ich ihn nicht in den Müll, sondern wischte stattdessen meine Finger an Edits Namensschild ab. Der Pilz blieb daran hängen und steckte nun zwischen Metallrahmen und Schild fest, und auf der weißen Pappe blieb ein hässlicher rotgelber Schmierfleck zurück.

In diesem Augenblick raschelte es hinter ihrer Tür, und bevor ich den klebrigen Pilz wieder vom Schild hätte entfernen können, musste ich fliehen, um nicht bei der Tat ertappt zu werden.

In meinem Büro schämte ich mich. Ein kindischer Impuls hatte mich überrollt. Es würde zwar keinem auffallen, weil niemand im Verlag den Namensschildern Beachtung schenkte, aber ich nahm mir vor, in den nächsten Tagen noch früher als sonst zu erscheinen, um Edits Schild zu säubern, soweit dies möglich war.

Ich denke den ganzen Tag an Edit Neuhaus, schon seit Monaten geht das so, und es wird immer schlimmer. Ich kann nichts dagegen tun. Sie hat sich unsterblich in mein Herz und mein Hirn eingebrannt; sie füllt jede noch so winzig kleine Zelle meines Körpers aus. Edit, Edit, Edit. Ich denke beim Masturbieren an sie, und wenn ich dabei zum Höhepunkt komme, schreie ich stumm ihren geliebten Namen, und das größte Glück dieser Erde umfängt mich.

Ich träume von diesen großen, kräftigen Händen, die so wirken, als könnten sie ohne weiteres jemandem den Hals umdrehen. Edit ist eine geschickte Heimwerkerin, wie sie mir erzählt hat; ich träume davon, sie zu küssen, ihre Finger in den Mund zu nehmen, jeden einzelnen. Ich sehe ihr Gesicht vor mir, in Gedanken befreie ich sie ganz behutsam von ihrer Lesebrille, damit diese beim Küssen nicht beschlägt oder sich verbiegt, *du bist so zärtlich, so wundervoll,* haucht sie in solchen Tagträumen in mein Ohr, und ich seufze vor Glück.

Es muss bald etwas geschehen. Mir bleiben nur noch einundzwanzig Tage!

Ich kam nie dazu, Edits Namensschild und den Metallrahmen zu reinigen. Ich nahm es mir immer wieder vor, doch es ergab sich nicht. Der Pizzapilz blieb im Rahmen stecken und schrumpelte zusammen, und genauso fiel der Schmierstreifen, den meine fettigen Finger auf der Pappe hinterlassen hatten, einem baldigen Alterungsprozess zum Opfer, indem er bereits nach einem Tag vom ursprünglichen Rot ins Dunkelbraune changierte, wie Blut. Er verunstaltete Edits Namensschild. Doch das fiel niemandem auf, und auch ich vergaß es zwischendurch. Manchmal blieb mein Blick kurz daran hängen, dann quälten mich das schlechte Gewissen und die Scham. Welcher Teufel hatte mich da bloß geritten? Doch jedes Mal, wenn ich mir vornahm, das Schild endlich zu säubern, kam etwas dazwischen.

Eines Tages dann schrie die Praktikantin Maike laut „Iiieeh, was ist das denn?“ im Flur. Maike neigt zu kindlichen Übertreibungen. Alle liefen aufgeregt zusammen, so, als hätte sie einen Toten entdeckt. Edit kam aus ihrem Büro, betrachtete das Namensschild, auf das Maike zeigte, und murmelte kopfschüttelnd: „Wer macht denn so was?“

Auch ich stand vor ihrer Tür, zusammen mit den anderen Kollegen. Ich brachte es kaum fertig, Edit anzusehen, obwohl ich normalerweise nichts lieber tat als das.

Edit nahm ihre Lesebrille ab und zog die Augenbrauen hoch, eher verwundert als ärgerlich. „Wir wollten doch schon immer diese alten Schilder auswechseln“, sagte sie zu Frau Huschke, der Sekretärin. „Jetzt wäre dafür eine passende Gelegenheit.“

Frau Huschke kratzte mit einem ihrer überlangen, an jenem Tag pinkfarbenen Fingernägel über den vertrockneten Pilz und verzog das Gesicht vor Ekel. „Da hat wohl jemand was gegen Sie“, sagte sie, an Edit gewandt, und kicherte.

„Davon weiß ich nichts", sagte Edit. „Wer sollte das sein?"

Im Flur wurde eine Weile über neue Namensschilder beratschlagt, bis sich die Versammlung vor Edits Tür dann schließlich auflöste. Frau Huschke entfernte entschlossen Edits Schild aus dem Metallrahmen.

Ich hatte mich wacker geschlagen und große Empörung über die Untat zur Schau gestellt, die der der anderen in nichts nachstand. Ich hatte meine Rolle gut gespielt. Ganz sicher hatte ich mich nicht verdächtig gemacht. Ich allein kannte die Wahrheit und konnte mich in diesem Moment genau daran erinnern, wie es sich angefühlt hatte, Edits Namen zu besudeln. Eine gewisse Freude und Genugtuung waren dabei im Spiel gewesen, wenngleich ich heute nicht stolz darauf bin. Genauso wenig auf das, was noch folgen sollte.

Als Edit Neuhaus und ich plötzlich allein vor ihrer Tür standen, wollte ich so schnell wie möglich zurück in mein Büro gehen, doch sie hielt mich am Arm fest. Ich schrak zusammen, weil ich noch immer an das Schild dachte und mich das schlechte Gewissen plagte, und gleichzeitig durchströmte diese Berührung, seit Wochen, seit endloser Zeit des Verzichts die erste Berührung von Edit, meinen ganzen Körper und ließ meine Knie weich werden. Edit hatte mich am nackten Unterarm berührt. Dort brannte die Haut noch Sekunden später. Pubertäre Schwüre kamen mir in den Sinn: niemals wieder diese Stelle zu waschen.

„Ich habe ein Problem mit meinem E-Mail-Programm", sagte Edit und lächelte mich an, so, als wäre nichts geschehen, als wäre sie nicht grausam zu mir gewesen, indem sie wochenlang geschwiegen hatte. „Können Sie sich das vielleicht mal ansehen? Sie kennen sich doch damit aus."

Ich kann das Glück, das ich in diesem Moment empfand, kaum beschreiben. Am liebsten hätte ich mich in ihre Arme geworfen, aus Erleichterung und vor lauter angestauter Sehnsucht. Ich verbrachte eine halbe Stunde mit ihr vor ihrem Computer, ganz dicht neben ihr vor dem Bildschirm, und atmete ihren betörenden Duft ein. Ich liebe Edits Computer-Probleme, da sie die Voraussetzung für körperliche Nähe schaffen. Ich wusste: Nachdem sie nun den ersten Schritt getan hatte, konnte ich meine auf Eis gelegten Bemühungen, das Ziel zu erreichen, endlich wieder aufnehmen. Ich war einfach zu voreilig gewesen. Ich musste Geduld mit diesem zarten Geschöpf haben, das war mir inzwischen klar.

Als ich an diesem Tag nach Hause kam, setzte ich mich sofort an meinen Schreibtisch und schrieb ihr einen Brief. Der erste Brief seit Wochen. Sicher war sie schon ganz ausgehungert. Ich teilte ihr mit, wie sehr ich unter der Situation im Verlag leide. Dass ich die Sprachlosigkeit zwischen uns nicht einen Tag länger hätte ertragen können, ihr Misstrauen, ihre Angst vor wahren und großen Gefühlen. Ich machte ihr Mut. Ich versicherte ihr, dass sie bei mir eine Schulter zum Anlehnen fände und Arme, die sie umschlössen. Sie solle es nur endlich wagen, ich sei da. Ich schrieb ihr auch, wie sehr ich mich darüber gefreut hätte, dass sie endlich auf mich zugekommen sei. Zwischendurch betrat Jasmin mein Zimmer, ich scheuchte sie sofort wieder hinaus. Dem Brief an Edit legte ich ein weiteres Rilke-Gedicht bei.

In den folgenden Wochen bedachte ich sie wieder mit Blumen unter dem Scheibenwischer, E-Mails, Postkarten und kleinen Geschenken, die ich in ihren Briefkasten warf. Ich will nicht von ihr ablassen, darf nicht verzagen. Steter Tropfen höhlt den Stein. Ich dachte mir immer etwas Neues aus und stellte mich auf ihren exzellenten Geschmack ein. Mal schenkte ich ganz beiläufig ein Buch, mal eine CD mit einer speziellen, alten Aufnahme einer Oper, von der Edit geschwärmt und nach der ich lange gesucht hatte. Solchen CDs fügte ich die kleine Bemerkung hinzu, dass ich hoffte, die Oper bald gemeinsam mit ihr zu hören. Ich hatte dabei ihr Schlafzimmer im Sinn, doch das schrieb ich nicht.

Ungeachtet meiner Gefühle hielt ich mein Leben mit Jasmin weitgehend aufrecht, obwohl es mir schwer fiel. Jasmin war mit Edit einfach nicht zu vergleichen, wie ich jeden Tag feststellte. Banale Kleinigkeiten brachten mich in Rage. So war ich erzürnt und ganz außer mir, wenn Jasmin, diese Banausin, *der* Mozzarella sagte – es tat mir in den Ohren weh. Ich hörte Edits Stimme, wie sie über italienisches Essen fachsimpelte, meine elegante, feine Edit, die jeden Herbst extra nach Italien fuhr, um neues Olivenöl zu kaufen, das noch trübe war und leicht moussierte. War Jasmin denn nicht lernfähig? Jedes Mal korrigierte ich sie: „Jasmin, es heißt *die* Mozzarella, verstehst du? *Die* Mozzarella, nicht *der*!" Mein Ton ihr gegenüber wurde immer harscher. Aber was sollte ich tun?

Ich verstärkte meine Bemühungen um Edit. Allmählich stieg eine nervöse Unruhe in mir auf, denn ich wusste, dass mir die Zeit davonlief. Es kränkte mich immer mehr, wenn Edit mich missachtete. Sie sprach zwar mit mir, aber sie blieb distanziert und oberflächlich. Das konnte ich nicht ertragen. Einmal ging ich in ihr Büro, um sie etwas zu fragen, doch sie war nicht allein. Edit schäkerte mit der Praktikantin Maike herum. Selbstgefällig thronte Maike auf dem Stuhl vor Edits Schreibtisch, auf dem ich oft gesessen hatte. War ich so austauschbar? Für den Rest des Tages konnte ich kein einziges Wort mehr mit Maike wechseln, es war mir nicht möglich. In unserem gemeinsamen Büro betrachtete ich sie heimlich. Maike ist kindisch, und sie hat blasse, käsige Haut. Was will Edit von ihr? Plötzlich erinnerte mich Maike an Annette Trautmann, das Mädchen aus der Grundschule mit dem blonden Pferdeschwanz. Ich sah sie an, und ich stellte mir vor, wie grüne, fettige Soße aus ihr herausliefe, wenn man sie abstechen würde.

Ich musste dringend etwas unternehmen. Ich achtete noch mehr als früher darauf, um welche Uhrzeit Edit in ihre Mittagspause ging. Meistens verließ sie dazu den Verlag, um draußen etwas zu essen. Sobald sie verschwunden war und ich mir einigermaßen sicher sein konnte, dass sie innerhalb der nächsten dreißig Minuten nicht zurückkehren würde, schlich ich mich in ihr Büro. Ich war froh, wenn sie dort ihre Jacke, ein Halstuch oder ein anderes Kleidungsstück zurückgelassen hatte. Ich nahm es dann an mich, drückte meine Nase tief hinein, atmete ihren Duft und schloss die Augen. Stünde mir der Weg in Edits Schlafzimmer frei, würde ich zuerst alle Kleidungsstücke in ihrem Schrank berühren und danach meinen Kopf in ihrer Bettwäsche vergraben.

Manchmal entwendete ich Dinge aus ihrem Büro, unwichtige Kleinigkeiten. Einen Kugelschreiber. Einen Stapel ihrer Visitenkarten. Einen abgekauten Bleistift in der Stärke 3 B. Handschriftliche Notizen aus dem Papierkorb. Das tat ihr nicht weh und würde ihr noch nicht einmal auffallen. Lediglich ihren Lippenstift, den ich aus ihrer Handtasche genommen hatte, während sie in einer Besprechung saß, schien sie zu vermissen, denn ich hörte, wie sie die Sekretärin Frau Huschke fragte, ob sie ihn zufällig gesehen habe.

Ich hielt mich gerne in ihrem Büro auf, obwohl ich immer damit rechnen musste, dass sie selbst oder eine andere Person es im nächsten Moment betreten könnte. Doch diesen Nervenkitzel nahm ich jedes Mal bereitwillig auf mich. Ich wollte Edit nahe sein.

Wie sehr wünschte ich mir, dass sie mich zu sich nach Hause einlud. Noch ein einziges Mal, so dachte ich, und ich würde alles erreichen. Noch eine einzige Einladung, und sie könnte sich mir nicht mehr entziehen.

Die Einladung blieb aus. Edit war freundlich zu mir – freundlich und unverbindlich. Manchmal sah sie mich mit einem seltsamen Blick an, der mir durch und durch ging, so viel Ernsthaftigkeit lag darin. Sie wirkte dann immer so, als wollte sie etwas sagen, das ihr jedoch nie über die Lippen kam.

Irgendwann hielt ich es nicht länger aus. Es war am Wochenende, dieser leeren, düsteren Zeit der Hoffnungslosigkeit, die ich inzwischen so gut kannte. Graue Totensonntage. Ich hatte gerade einen Brief an Edit begonnen und merkte schnell, dass ich zu ruhelos zum Schreiben war. Ich legte den angefangenen Brief beiseite und täuschte Jasmin vor, noch zum Verlag fahren zu müssen. Das übliche Genörgel, ob ich unbedingt auch am Wochenende arbeiten müsse, folgte; ich beachtete es einfach nicht.

Edit war kühl, als sie die Tür öffnete. Sie bat mich herein, und wir setzten uns an den schönen Esstisch – alles wäre wie immer gewesen, hätte nicht etwas Bedrohliches in der Luft gelegen und zwischen uns gestanden.

Sie schätze keinen Überraschungsbesuch, sagte Edit, ihre Stimme ließ mich frösteln, und sie verbitte sich, es zu wiederholen. Sie lächelte nicht, kein einziges Mal. In diesem Augenblick war sie so kalt, dass ich wünschte, aus diesem schrecklichen Traum zu erwachen. Nach einer lauwarmen Tasse Tee, die Edit nervös hinunterstürzte und die ich hingegen ganz langsam und in winzigen, kleinen Schlucken zu trinken versuchte, um Zeit zu schinden, bat sie mich zu gehen, da sie jemanden erwarte. Sie war ungeduldig. Sie stand auf, ging zielstrebig zur Wohnungstür und ließ keinen Zweifel daran, dass ich ihr auf der Stelle dorthin zu folgen hätte.

Vor der Tür zögerte ich lange, meine Jacke anzuziehen. Ich sah sie an, Edit, meine Geliebte. Sie wirkte zerknirscht. Ich sah sie an, flehentlich und auch voller Begehren. Ich wollte nicht gehen.

Ihre Augen trafen meinen Blick, als sie sagte: „Frau Eberhardt, ich muss es Ihnen jetzt mal deutlich sagen. Ich möchte keine weiteren Briefe von Ihnen. Hören Sie damit auf. Auch keine Gedichte und keine Geschenke. Mir ist das alles äußerst unangenehm. Bitte hören Sie damit auf. Ich will es nicht. Ich werfe alles immer sofort weg. Ich bin nicht das, was Sie sich erhoffen."

Ich schwieg und sah sie nur an. Es tat weh. Es war mehr, als ich ertragen konnte. Das alles konnte nicht wahr sein. Edit konnte nicht wirklich meinen, was sie gesagt hatte. Nein, nein, nein, das war einfach nicht wahr.

„Bitte gehen Sie jetzt", sagte Edit.

Heute bin ich mir ganz sicher, dass ich mich an diesem Nachmittag schlichtweg verhört habe. Dieses Phänomen gibt es ja, bei außerordentlichem Stress und großer Anspannung. Ich muss mich geirrt haben. Edit hat das alles nicht gesagt, das kann gar nicht sein. Ich habe sie falsch verstanden, was nicht verwunderlich ist, so ängstlich und aufgeregt wie ich war. Edit Neuhaus liebt mich.

Zuerst wollte ich vor ihrem Haus warten, wie ich es schon so oft getan hatte, um zu erfahren, wer sie besuchen würde. Doch dann entschied ich mich anders. Ich fuhr nach Hause und setzte meinen begonnenen Brief fort, jetzt in einem anderen Ton als dem, den ich ursprünglich beabsichtigt hatte. Ich schrieb ihr, wie schmerzlich ich Vertrauen und Offenheit vermisste, ich klagte sie an, weil sie all meine Versuche, die Mauern zu durchbrechen, ablehne. Ich schrieb von der Maske der scheinbaren Ungerührtheit, die ich mir zugelegt hätte, da sie mich abweise und im Verlag vor anderen verleugne. Ich schrieb, dass ich bei jeder Begegnung zitterte, inzwischen mehr vor Furcht als vor Freude. In deutlichen Worten erklärte ich ihr auch, dass mir nun klar sei, unter welchen massiven Problemen sie zu leiden habe mit ihrer Unfähigkeit, Vertrauen fassen und zulassen zu können, und wie einsam sie eigentlich sei. Erneut bot ich ihr meine Hand, meine Schulter, meine Arme und meine Liebe an.

Und wieder unterstützte Rainer Maria Rilke mein Vorhaben, indem er die zentralen Aussagen des Briefs unterstrich, ohne dass er dies damals hätte ahnen können. Ich dachte an Edits kräftige, sonnengebräunte Hände, die so berührungshungrig über den Holztisch gestrichen hatten, die sich ganz augenscheinlich nach Zärtlichkeit sehnten, und schrieb das Gedicht über die Nonnen ab.

Zwei weiße Nonnenhände mühen
nie sich um einen lichten Preis,
zwei weiße Nonnenhände blühen,
ohne dass es der Frühling weiß.

Zwei weiße Nonnenhände halten
nicht mehr das Leben, das sie umspinnt;
müssen sich fest zusammenfalten,
weil sie beide so einsam sind.

Ich weiß nicht mehr genau, was dann geschah und wie es dazu kommen konnte. Ich kann es mir heute gar nicht mehr erklären. Ich bin ein sanftmütiger Mensch, ich trage so viel Liebe in mir, dass ich manchmal daran zu platzen glaube, und was mich antreibt, ist allein der unsterbliche Wille, Edits Liebe zu erlangen. Ich war unruhig, noch unruhiger als vorher, und ich wollte, dass Edit den Brief jetzt sofort las.

Es war spät in der Nacht, Jasmin schlief schon, als ich mich geräuschlos anzog, die Wohnung verließ und noch einmal zu Edit fuhr. Die Straße war menschenleer, fast alle Fenster dunkel. In Edits Wohnung brannte noch Licht. Als ich das sah, erwachte von einer Sekunde zur anderen rasender, hilfloser Zorn in mir. Zuerst wollte ich trotz der Uhrzeit bei ihr klingeln und ihr den Brief persönlich überreichen, doch dann fiel mir die eisige Kälte ein, die am Nachmittag aus ihren Blicken und Gesten gesprochen hatte.

Während ich überlegte, bemerkte ich Edits Auto. Sein Anblick war mir vertraut, ich kannte das Kennzeichen auswendig, da ich unzählige Male Blumen und kleine Briefchen unter den Scheibenwischer geklemmt hatte. Ich stieg aus und ging zu dem Wagen. Zärtlich berührte ich den Lack der Karosserie. Ich sehnte mich so nach ihr. Edit war ganz nah, nur wenige Meter von mir entfernt hinter den Mauern ihres Hauses, und ich konnte nicht zu ihr gelangen. Ob sie wirklich Besuch hatte? Von wem? Von ihrem Exfreund Jürgen? Von Maike, der Praktikantin?

Die Antenne ihres Autos befand sich auf dem Dach. Es ist ein relativ neuer Wagen, und es war gar nicht so einfach, sie abzubrechen, da sie elastisch nachfederte und mir keinen Widerstand bot, als ich sie zur Seite bog, aber mit dem richtigen Quäntchen Wut gelang es mir schließlich.

Dann fuhr ich nach Hause.

Ich habe ihr heute wieder Blumen schicken lassen, mit Fleurop. Neunundvierzig gelbe Rosen, für jedes ihrer Lebensjahre eine. Ich wies die Verkäuferin am Telefon an, darauf zu achten, nur die prächtigsten Rosen zu verwenden, es sei sehr wichtig, lebenswichtig. Schwierig wurde es, als ich ihr das Gedicht von Emily Dickinson für die beiliegende Grußkarte diktierte. Hoffentlich hat das kleine Gedicht Edit vollständig erreicht.

Ich darf nicht mit dir leben –
Es würde Leben sein –
Und Leben ist dort drüben –
Hinter dem Sims

Edits Geburtstag liegt schon eine Weile zurück, die Rosen stellen eine liebevolle Aufmerksamkeit zwischendurch dar. Für jedes ihrer Lebensjahre würde ich sie gerne küssen, neunundvierzig lange, zärtliche Küsse. Die Rosen haben ein kleines Vermögen gekostet. Aber das ist Edit Neuhaus mir wert. Das und noch viel mehr. Ich möchte sie mit Liebe überschütten, mit Liebe und nicht nur mit Blumen.

Ich rufe sie oft zu Hause an, mehrmals täglich, aber jedes Mal, wenn sie sich meldet, fehlt mir die Kraft, etwas zu sagen, und ich lege wieder auf. Sie wird mir die Sache mit ihrem Auto verzeihen, da sie weiß, dass es nur aus Liebe geschah. Dass auch ich es war, die kürzlich ein Streichholz unter ihre Klingel gesteckt hat, damit das nervtötende Geräusch anhielt, weiß sie nicht. Ebenso wenig ahnt sie, dass ich sie vorgestern beim Heraustragen des Mülls beobachtete. Ich merkte mir, wie die Tüte aussah, und etwas später schlich ich mich zu den Mülltonnen, holte Edits Abfalltüte, die obenauf lag, heraus, zerriss sie und verstreute ihren Inhalt vor der Haustür. All ihre Geheimnisse purzelten heraus, und ich war erstaunt, dass Edit sich von so vielen Fertiggerichten ernährt und wie nachlässig sie in der Mülltrennung ist. Ich kann ihr einfach nicht verzeihen, dass sie meine Geschenke weggeworfen hat. Und mir das auch noch sagte.

Manchmal muss ich an Annette Trautmann denken, das blonde Mädchen aus der Grundschule, das nach Weichspüler und Hautcreme duftete. Was heute wohl aus ihr geworden ist? Ich war damals zielstrebig vorgegangen, so zielstrebig wie heute, wenn auch mit bescheideneren Mitteln. Ich war ja noch ein Kind.

Diese besondere Form der Beharrlichkeit scheint mir in die Wiege gelegt worden zu sein. Damals bei Annette Trautmann hatte es bis zum Erreichen meines Ziels nicht lange gedauert, und eine Weile war ich zufrieden gewesen. Ich hatte erreicht, was ich wollte. Doch dann muss einiges schief gelaufen sein. Heute kann ich mich nicht mehr daran erinnern, was geschah, ich habe es vergessen. Wenige Monate später wechselte Annette Trautmann die Schule, und ihre Eltern verboten ihr, weiter Kontakt mit mir zu pflegen.

Ich muss an Edit festhalten. Eine Frau wie Edit Neuhaus wird mir nie wieder im Leben begegnen. Ich muss neuen Mut fassen, aktiv werden. Ich werde diese letzten einundzwanzig Tage im Verlag nutzen, jede Sekunde davon. Ich werde bereits mit dem heutigen Tag beginnen. Carpe diem! Sie ist zu Hause, das weiß ich, denn ich habe sie gerade angerufen – und sofort wieder aufgelegt. Ich liebe Edit Neuhaus.

Charlottes neununddreißigster Geburtstag

Bereits nach wenigen Minuten begann Charlotte, sich entsetzlich zu langweilen.

Warum habe ich mir das nur angetan?, fragte sie sich, als sie kurz zu Conny blickte. Conny saß ihr gegenüber und redete unaufhörlich. Conny, die Charlotte aus ihrer Schulzeit kannte. Die geschwätzige, aber harmlose Conny, Klassenbeste in Jazzgymnastik und Handarbeiten. Das sprach für sich. Charlotte hatte sie das letzte Mal vor nunmehr zwanzig Jahren gesehen, bei der Feier zum Abitur. Erstaunlicherweise hatte sie sich seitdem kaum verändert. Sie trug das Haar noch immer halblang; genauso kraftlos und schlaff wie zu Schulzeiten fiel es auf ihre Schultern, vielleicht noch ein wenig dünner als damals. Charlotte konnte kein einziges graues entdecken. Sie konnte keine einzige Falte in Connys Gesicht ausmachen und auch sonst keinen nennenswerten Wesenszug. Connys Gesicht war glatt und makellos wie damals. Unbescholten. Und es war noch genauso teigig wie damals.

Conny sprach jetzt schon seit einer halben Stunde über ihre beiden Töchter, und allmählich bereute Charlotte es, sie zum Essen eingeladen zu haben. Der Mutterstolz schwang in Connys Stimme mit. Besonders angetan schien sie von ihrer Älteren zu sein, Jemima oder ein ähnlich neumodischer Name, den Charlotte in der Sekunde, in der sie ihn hörte, wieder vergaß. Das liebste Hobby ihrer zwölfjährigen Tochter sei die Stickerei, sagte Conny und strahlte. Darin sei sie eine wahre kleine Künstlerin. Conny war früher die Beste im Handarbeiten gewesen. Das lag zwar schon Jahrzehnte zurück, aber Charlotte hatte es nie vergessen. Und offenbar hatte sich dieses Talent auf Jemima vererbt. Während Charlotte noch darüber nachdachte, dass Zwölfjährige gewöhnlich anderen Interessen nachgingen als dem Sticken, während sie sich fragte, was sie eigentlich im Alter von zwölf in ihrer Freizeit getan hatte und sich Jemimas Kinderzimmer als Horrorkabinett vorstellte, an dessen Wänden keine Poster von Popstars hingen, sondern Stickbilder mit Pferdeköpfen, Schäferhunden und Dackelwelpen, redete Conny weiter, jetzt über ihren Ehemann. Sie hatte ihn noch zu Schulzeiten kennen gelernt, in dem kleinen Nest, aus dem Conny und sie stammten. Er war einen Jahrgang über ihnen gewesen, und Charlotte konnte sich noch dunkel an Hans-Jörg erinnern, einen pickligen Langweiler und Streber, dessen Haar sich schon in der Oberstufe zu lichten begann. Conny holte Fotos aus ihrer Handtasche. Auch das noch! Charlotte war einfach zu gutmütig, das war sie schon immer gewesen. Wie war sie nur auf die Idee gekommen, diese Person zu sich nach Hause einzuladen, ausgerechnet heute, an ihrem neununddreißigsten Geburtstag?

Hans-Jörg hatte inzwischen nahezu gar keine Haare mehr, stellte Charlotte fest, als sie höflich die Fotos betrachtete. Die beiden Töchter sahen genauso aus wie Conny – sie trugen sogar die gleichen Frisuren, schlaffes, kraftloses Haar, das glatt auf die Schultern fiel, die Scheitel an der gleichen Stelle wie die Mutter. Kleine, stickende Miniatur-Connys, Abbilder ihrer Mutter.

„Niedlich“, sagte Charlotte und legte die Fotos beiseite. „Und wie ist es so mit Hans-Jörg?“

Conny berichtete, dass es zwischen ihrem Ehemann und ihr niemals Streit gebe. Dass sie sich schon so lange kennen würden und in all diesen Jahren das Vertrauen gewachsen sei. „Wenn mal ein böses Wort fällt“, sagte sie, „dann lachen und lieben wir es gleich wieder weg. Wir sind sehr glücklich.“

„Aha“, sagte Charlotte. Ihre Unterarme wurden von einer Gänsehaut überzogen. *Böse Worte weglieben*, das klang wie aus einer Schmonzette. Oder wie aus einer christlichen Schrift, die sich möglicher Eheprobleme annahm, allerdings nur, wenn sie nicht zu schwerwiegend waren. Hatte Charlotte schon jemals ein Problem „weggeliebt"?

Nein. Sie hatte den ganzen Abend lang nichts erzählt – aber es gab auch nichts zu erzählen. Weder konnte sie kleine Jemimas vorweisen, noch einen dicklichen Hans-Jörg. Sexuell hatte sie sich schon vor langer Zeit für Frauen entschieden – allerdings gab es derzeit keine Frau in ihrem Leben. Schon gar keine, mit der sie Probleme weglachte. Charlotte war ratlos, wie sie den weiteren Abend überstehen sollte, es gab nichts zu erzählen, diese Einladung war ein Irrtum gewesen, doch so bald, fürchtete sie, würde er nicht enden. Conny hatte sich in Fahrt geredet, und sie machte nicht den Eindruck, als beabsichtigte sie, in den nächsten Stunden zu gehen. Im Gegenteil, sie schien sich pudelwohl zu fühlen.

Heute Nachmittag hatte Conny überraschend bei ihr angerufen – nach zwanzig Jahren. Sie sei gerade in der Stadt, um die Wohnung ihrer Großmutter aufzulösen, die mit zweiundneunzig Jahren verschieden sei und in Berlin-Wilmersdorf gelebt habe. Eine Wilmersdorfer Witwe weniger, dachte Charlotte. Conny hatte sich am Telefon ganz selbstverständlich mit „Conny" gemeldet, nur „Conny", ohne Nachnamen, so, als lägen keine zwanzig Jahre zwischen ihnen, und sie hatte Charlotte mit „Lotte" angesprochen. *Lotte*. Noch nie hatte sie jemand so genannt. Noch niemals in ihrem Leben hatte es jemand gewagt, noch nicht einmal ihre Eltern, und dieser fremde Kosename, der bewirkte, dass sich die feinen Härchen auf ihrer Haut vor Ekel und vor Zorn aufrichteten, hätte ihr Warnung genug sein sollen. „Kennst du mich noch?", hatte Conny auch noch gefragt, aber es war eine rhetorische Frage gewesen; sie schien keinerlei Zweifel zu haben, dass Charlotte sich sofort an sie erinnern würde. Und Charlotte erinnerte sich tatsächlich, daran war Connys Stimme schuld, diese leicht quietschende Stimme, die keine Tonlage richtig halten konnte.

Ihre Telefonnummer habe sie dem Telefonbuch entnommen, sagte Conny, und sie habe nicht eine Sekunde mit der Kontaktaufnahme gezögert. Die gemeinsame Schulzeit schließlich würde doch verbinden, so sehr, so eng, so innig, dass man auch nach zwanzig

Jahren überraschend anrufen könne, die gemeinsame Schulzeit, das sei so ähnlich, als stammte man aus derselben Familie.

Charlotte hatte heute Geburtstag. Hatte sie ihn sich so vorgestellt? Conny, der Eindringling, saß an ihrem Küchentisch und ahnte nichts davon. Charlotte beabsichtigte nicht, ihn zu erwähnen.

Zuvor hatte sie lange überlegt, wie sie ihren neununddreißigsten Geburtstag verbringen sollte. Keine Geburtstagsgäste und keine Party dieses Jahr, hieß ihr Entschluss. Vor Connys überraschendem Anruf hatte sie sich vorgenommen, abends mit einem Glas Rotwein auf sich selbst anzustoßen. Ihr war besinnlich zumute. Nach der Trennung von ihrer Freundin Rita vor drei Monaten litt sie noch immer unter Liebeskummer.

Neununddreißig Jahre – das waren fast vierzig. Zwar betrübte Charlotte diese Tatsache nicht, doch auch sie brauchte morgens inzwischen länger, um nach dem Wachwerden wie ein Mensch auszusehen, das war nicht zu leugnen, und die Knitterfalten, die das Kopfkissen auf ihrer Wange hinterließ, weigerten sich entschieden hartnäckiger als noch vor wenigen Jahren, endlich aus ihrem Gesicht zu verschwinden. Und nun saß ihr das gleichaltrige Gesicht ihrer ehemaligen Klassenkameradin Conny gegenüber, das von keinem einzigen Fältchen durchzogen war und satte Zufriedenheit ausstrahlte.

Verabredungen mit längst vergessenen Gestalten aus der Vergangenheit, das war keine gute Idee. Und das auch noch an ihrem Geburtstag. Es gab nichts zu reden. Die Vergangenheit interessierte Charlotte nicht – sie lebte ausschließlich in der Gegenwart. Auch den Ort ihrer Herkunft hatte sie seit der Schulzeit nur wenige Male aufgesucht, mit vielen Jahren Abstand dazwischen. Jedes Mal, wenn sie diese Kleinstadt sah, schien sie ein weiteres Stück geschrumpft zu sein. Noch zehn, zwanzig Jahre, und Charlotte würde sich in ihr bewegen wie Godzilla, der in einer Stadt aus Lego-Steinen herumstapfte und hier und da ein Haus dem Erdboden gleichmachte. Bei diesen wenigen Malen war sie nie jemandem begegnet, den sie kannte. An solch einem deprimierenden Ort wohnte einfach niemand mehr. Allmählich, so schien es, legte sich von Jahr zu Jahr der gnädige Mantel des Vergessens weiter über ihre Jugend. Denn Vergessen kam einer Gnade gleich. Charlotte war heilfroh, nicht mehr fünfzehn, sechzehn oder siebzehn zu sein, das schrecklichste Lebensalter, das sie sich vorstellen konnte. Sie zog jedes erwachsene Problem, und sei es auch noch so groß, denen der Jugend vor. Mittlerweile vergaß sie sogar die Namen ihrer früheren Lehrer.

Conny hatte sich inzwischen von ihrer Familie ab- und den alten Zeiten zugewandt. Sie sprach über ehemalige Mitschüler, Klassenfahrten, Wandertage und Intrigen unter jungen Mädchen. Von Intrigen allerdings verstand sie nicht viel, stellte Charlotte fest; ihr mangelte es entschieden an Bösartigkeit und auch an der Fähigkeit, diese bei anderen zu erkennen. *Alte Zeiten* – sie waren scheinbar das einzige Gesprächsthema zwischen Menschen, die sich seit Jahrzehnten nicht gesehen hatten, das Thema, auf das sie immer wieder zurückfielen, weil es keine anderen gab, die sie verbanden. Conny erwähnte auch die Englischlehrerin, für die Charlotte als Jugendliche heimlich geschwärmt hatte, „diese doofe Kuh", sagte Conny, „die konnte mich nicht leiden." Conny hatte in der Oberstufe in allen Kursen mit ihrem Strickzeug gesessen, daran erinnerte sich Charlotte jetzt wieder, und unermüdlich neue Schals und Pullover produziert, eine kleine Manufaktur. Nur die Englischlehrerin hatte es untersagt, weil sie das Nadelgeklapper nervös machte. Charlotte gedachte der Englischlehrerin und ihrer zeitweilig guten Noten in diesem Fach, die ausschließlich dazu dienen sollten, jener Pädagogin zu imponieren. Das war ihr damals auch gelungen. Leider blieb es nicht von Dauer, denn eine Konkurrentin kam ins Spiel: Mechthild Sobotka.

Auch Conny war sie eingefallen. Mechthild. Charlotte verschluckte sich am Rotwein und spuckte beim Husten einen roséfarbenen Spritzer auf ihre weiße Hose.

Harmlose Anekdoten aus der Schulzeit waren noch erträglich, wenn ihre Erwähnung auch nicht zu Charlottes innigsten Geburtstagswünschen zählte. Nicht zu ertragen hingegen war diese Person. Mechthild. Mechthild Sobotka war nicht harmlos. Charlotte wollte nicht an sie erinnert werden. Niemals wieder. In der neunten Klasse hatte Mechthild freundlich angeboten, ihr bei der Suche eines T-Shirts behilflich zu sein. Sie waren durch die Stadt gelaufen und hatten ihrem Alter gemäß unentwegt gekichert und mit diesem Verhalten alle Erwachsenen auf die Palme gebracht. Zwischendurch hatten sie Cola getrunken, und Mechthild hatte Charlotte in jede Umkleidekabine begleitet. In den engen Kabinen hatte sie sie beraten, und zwar meistens mit Körperkontakt, der hierfür eigentlich nicht erforderlich gewesen wäre. Wegen Mechthilds Überredungskünste hatte Charlotte ein viel zu teures T-Shirt mit Querstreifen gekauft, da es laut Mechthild gut aussah, über dessen Preis Charlottes Mutter später in Wut geriet. Am nächsten Tag in der Schulpause hatte Mechthild sich vor sie gestellt und gesagt: „Dein neues T-Shirt ist ja ganz schick – aber wäre eine Nummer größer nicht besser gewesen? Und mit Längsstreifen? Die machen nämlich schlank. Wusstest du das nicht?"

Charlotte versuchte, das Thema zu wechseln. Doch Conny hatte sich festgebissen und geriet zusehends über Mechthild ins Schwärmen. Wie peinlich. Wie konnte man sich für Mechthild Sobotka begeistern? Und das nach Jahrzehnten? Charlotte hatte zwanzig Jahre lang nicht mehr an sie gedacht. Sie hatte angenommen, nie wieder an sie denken zu müssen. Charlottes Vergangenheit war schon vor langer Zeit in einem Schredder verschwunden. Sie lebte in der Gegenwart.

Conny blickte sie freundlich an und fragte: „Noch etwas Wein?" Charlotte nickte abwesend und sah durch sie hindurch. Dass Conny inzwischen die Gastgeberin spielte und sich soeben am Korkenzieher und der teuersten Flasche Rotwein zu schaffen machte, die sie besaß, war Charlotte gleichgültig. Mechthild Sobotka, ich hasse dich noch immer, dachte sie. Das quer gestreifte T-Shirt habe ich dir nie verziehen. Bei jedem neuen Kleidungsstück mit Querstreifen muss ich an dich denken, noch heute. Gott sei Dank sind sie heute aus der Mode gekommen. Mechthild Sobotka, du warst der einzige Mensch, den ich jemals gehasst habe, und das aufrichtig.

Charlotte hatte Mechthild das letzte Mal bei der Feier zum Abitur gesehen. Sie hatten damals kein Wort miteinander gewechselt, sondern nur feindselige Blicke getauscht, von allen unbemerkt. Sie hatten sich nicht versichert, dass sie in Kontakt bleiben würden. Im Gegenteil. Mechthild, das Abiturzeugnis in der Hand, sagte damals ohne Worte: Ich bin so froh, dass ich dich nie wieder sehen muss. In immer gleich ablaufenden Albträumen wurde Charlotte danach noch über Monate hinweg vom bösartigen Ausdruck ihrer Augen gepeinigt, Mechthilds Augen, die sich sekundenlang – oder waren es Minuten? – auf ihre hafteten, der letzte Blick, das Letzte, das sie von Mechthild Sobotka sah.

Seitdem war viel Zeit vergangen. Nur selten war Mechthild Sobotka an der Oberfläche ihres Bewusstseins erschienen – bis heute, bis dieses arglose, naive Wesen mit dem Madengesicht plötzlich in Charlottes Küche in Berlin-Friedrichshain saß und über sie zu reden begann. Bis sie diesen Namen aussprach. Genauso wenig, wie Conny wusste, dass heute Charlottes Geburtstag war, ahnte sie, was sie anrichtete. Die Vergangenheit kroch aus dem Sumpf hervor.

„Wir haben sie immer Mecki genannt“, sagte Conny, „weißt du noch? Meistens wurde sie dann aber böse. Sie hat jeden Jungen gekriegt, den sie haben wollte.“ (Sie hat alles gekriegt, was sie wollte, dachte Charlotte.) „Du warst doch auch mal mit ihr befreundet, oder?“

„Ich?“, sagte Charlotte entrüstet, „nein, da irrst du dich. Ich war nie mit Mechthild Sobotka befreundet.“

Charlotte blickte Conny an und hörte, dass die sprach, sie sah auch ihren Mund, der sich öffnete und schloss – meistens öffnete er sich –, doch sie nahm den Sinn der Worte nicht wahr. Hin und wieder nickte sie und sagte „ja“, ohne zu wissen, was sie bejahte. Mechthild. Warum hatte Conny sie erwähnen müssen? Ein tiefer Stachel in der Haut, der stetig nach innen wanderte und dort eine Entzündung verursachte. Eine Wunde, die sich nicht schloss – auch nach über zwanzig Jahren nicht. Charlotte hasste Mechthild. Ein Vierteljahrhundert war vergangen, in dem sich ihr

Leben entscheidend gewandelt hatte, von einer Pubertierenden mit Babyspeck im Gesicht zur Erwachsenen, inzwischen, mit fast vierzig, zur „Frau mittleren Alters". Auf dem Weg von fünfzehn zu neununddreißig Jahren hatte Charlotte allerhand vergessen. Lateinvokabeln zum Beispiel, den Geruch im Umkleideraum nach dem Sportunterricht oder die Namen ihrer ehemaligen Mitschüler. Und heute saß plötzlich Conny, dieses Relikt aus der Steinzeit, in ihrer Küche und trank den Rotwein, den Charlotte eigentlich für sich alleine aufgehoben hatte. Sie wurde heute neununddreißig Jahre alt. Nicht sechzehn oder siebzehn.

Doch nicht Charlotte allein feierte am heutigen Tag ihren Geburtstag. Millionen andere Menschen ebenfalls. Und neben diesen Millionen anderer – auch sie. Mechthild Sobotka. Heute war Mechthilds vierzigster Geburtstag.

Charlotte hatte die Tatsache, dass ihre Geburtstage auf denselben Tag fielen, damals immer gehasst. Sie hätte vor Wut und vor Zorn heulen können, jedes Jahr aufs Neue. Charlottes Geburtstag war dazu verdammt, im hellen Glanz des Konkurrenzgeburtstages jämmerlich unterzugehen, von niemandem beachtet, von der achten bis zur dreizehnten Klasse.

Würde Mechthild Sobotka heute von demselben Phänomen betroffen sein wie die Straßen und Häuser ihrer Heimatstadt? Wäre auch sie geschrumpft und winzig klein? Wie ein Spielzeug-Cowboy in der Lego-Stadt, den man mit einer leichten Bewegung des kleinen Fingers umstoßen oder, wenn man wollte, durch das Zimmer an die nächste Wand schleudern konnte? Charlotte hatte noch immer das Bild einer schönen, blonden Siebzehnjährigen im Kopf, so, als würde Mechthild nie altern. Dabei hatte sich auf ihrer hellen Haut bereits im Alter von siebzehn die Andeutung scharfer Falten um den Mund herum gezeigt. Schönheit war zweifelsohne eine Frage des persönlichen Blicks. Aber auch Conny erwähnte in diesem Augenblick, dass Mechthild ja immer „so gut aussah".

„Wirklich toll", sagte Conny. „Ich finde, sie war das schönste Mädchen der ganzen Schule. Alle fanden das."

„Ich finde, sie sah eher durchschnittlich aus", sagte Charlotte grimmig. In Wahrheit hatte auch sie Mechthild überwältigend schön gefunden. Atemberaubend, wie ein Engel, an den Sterbliche nicht heranreichten. Dabei war Mechthild alles andere als ein Engel gewesen. Oder wenn, dann einer von der bösen Sorte, der vornehmlich Charlotte das Leben schwer gemacht hatte.

Conny redete bereits seit etlichen Minuten unaufhörlich über Mechthild und hatte nicht die geringste Ahnung, wovon sie sprach oder was sie damit auslöste. Eine Form der Anbetung, die Charlotte zutiefst genierte, sprach aus jedem ihrer Worte. Kein Wunder. Mechthild hatte es bei fast allen geschafft, sie auf ihre Seite zu ziehen.

„Hast du Mechthild mal wieder gesehen?", fragte Charlotte. Es sollte nebensächlich und vollkommen desinteressiert klingen – in Wahrheit aber beschleunigte diese Frage ihren Puls enorm. Charlotte hatte nie gewusst, wohin Mechthild nach dem Abitur gezogen war. Das war ihr auch recht so. Sie wollte es nicht wissen und niemals wieder an sie denken. Sie wollte Mechthild Sobotka begraben.

„Nein", sagte Conny, „leider nicht. Sie war ja auch auf keinem einzigen Abitreffen. Du übrigens auch nicht." In Connys Stimme schwang die Spur eines Tadels mit. „Dabei wäre es doch so schön, wenn wir uns alle mal wieder sehen!"

Gott bewahre, dachte Charlotte. „Ich hatte immer irgendetwas anderes zu tun", sagte sie. Meine Angst war zu groß, dachte sie. Meine Angst, ihr zu begegnen. Der „Schlächterin".

Charlotte hatte bereits in den ersten Minuten ihres Wiedersehens geahnt, dass die Idee, Conny einzuladen, keine gute war. Jetzt wusste sie auch, warum. Conny hatte sie an Mechthild erinnert, nachhaltig. In Wahrheit war Mechthild immer präsent geblieben, die ganze Zeit, wenn auch im Verborgenen. Vielleicht war Mechthild Sobotka Charlottes Obsession, ihre einzige. Und das seit fünfundzwanzig Jahren. Sie hatte diese Obsession nie aufgeben können, egal, was sie tat, wie sie lebte, wo sie wohnte, wen sie begehrte. Mechthild hatte sie durch all die Jahre hindurch begleitet, nicht nur, wenn sie aus der Mode gekommene quer gestreifte T-Shirts trug. Mit ihren Gedanken an sie hätte Charlotte tausend Treuepunkte gewonnen, mindestens. Das wurde ihr jetzt klar.

„Ich hätte wetten können, dass du mit Mechthild befreundet warst", hakte Conny neugierig nach.

Wäre ich das nur gewesen, dachte Charlotte. Wäre ich es nur gewesen! Nichts wünschte ich mir damals sehnlicher.

„Nein, ich mochte sie ehrlich gesagt nicht besonders", log Charlotte. Das war allerdings nur zur Hälfte eine Lüge. Ein Teil hasste und der andere begehrte sie. In der elften Klasse hatten sie gemeinsam ein Referat über den römischen Dichter Catull und seine Liebeslyrik geschrieben. *Odi et amo*. Jetzt fiel ihr plötzlich doch wieder ein Name ein: Grolle. Herr Grolle, der ältliche Lateinlehrer. Er war an diesem Referat schuld gewesen, denn er hatte autoritär entschieden, dass Mechthild und sie es gemeinsam anfertigen sollten.

„Aber alle mochten Mechthild!", sagte Conny verwundert; einen kurzen Moment lang zeigten sich sogar zwei dünne Falten, durch Grübeln hervorgerufen, zwischen ihren Augenbrauen. Dann sagte sie, wieder mit geglättetem und heiterem Gesicht: „Du, mir fällt gerade was ein, heute ist doch der sechszehnte, oder? Hat unsere Mechthild nicht heute Geburtstag? Ich glaube, ja. Ich bin mir sogar ziemlich sicher. Mechthilds Geburtstag war immer etwas Besonderes. Das ist ja ein lustiger Zufall, dass wir uns ausgerechnet heute sehen und über sie reden. Echt lustig. Komm, lass uns auf sie anstoßen! Auf Mechthild! Was heute wohl aus ihr geworden ist? Wahrscheinlich eine Wissenschaftlerin. Oder eine Journalistin. Irgendwas ganz Tolles. Sie war doch immer so klug."

„Auf Mechthild", knurrte Charlotte und stieß ihr Glas gegen Connys, viel zu fest.

Als Charlotte und Mechthild damals das Referat über Catull schreiben mussten – sie hasste Herrn Grolle für diese unfreiwillige Allianz mit ihr –, trafen sie sich einige Male bei ihr zu Hause. Mechthild wohnte außerhalb, Charlotte musste immer den Bus nehmen. Das Haus, in dem sie mit ihrer Familie wohnte, war in

Charlottes Augen eine Villa, auch wenn es sich genau genommen nur um ein gewöhnliches Einfamilienhaus handelte. Mechthilds Eltern waren etwas Besseres und besaßen drei gut gehende Metzgereien. Ihr Vater war gelernter Schlachter – ein kleiner, kompakter und sanftmütiger Mann, ganz anders als seine hochgewachsene, grazile Tochter, deren charakteristischste Eigenschaft die Boshaftigkeit war, zumindest Charlotte gegenüber. Das Geheimnis guter Wurst, pflegte er immer zu sagen, seien Pfeffer und Piment.

An einem dieser Nachmittage vor über zwanzig Jahren blieb Charlotte länger bei Mechthild. Es wurde Abend, und Mechthild stibitzte eine Flasche Wein von ihren Eltern. Mangels Korkenzieher drückten sie unter großer Mühe den Korken in die Flasche. Charlotte genoss Mechthilds großes Zimmer unter dem Dach, weit entfernt vom Wohnzimmer der Eltern, sie genoss das Zusammensein mit der zarten, engelsgleichen Metzgerstochter und war glücklich. Damals erstaunte sie dieses Gefühl, das am ehesten mit nie gekannter Wohligkeit zu beschreiben war.

Mechthild war in der achten Klasse in Charlottes gekommen, eine Neue. Neue hatten gewöhnlich einen schweren Stand in Schulklassen – nicht so Mechthild. Im Sturm eroberte sie alle Herzen, männliche wie weibliche. Leider auch das der Englischlehrerin, um deren Gunst Charlotte in den folgenden Jahren vergeblich buhlte. Charlotte hegte lange den Verdacht, dass sie sich auch privat trafen. Und Mechthild eroberte Charlottes beste Freundin Babsi, die fahnenflüchtig wurde, sobald Mechthild die Bühne betrat, und für Charlotte fortan keine Zeit mehr hatte. Später wurde Babsi Mechthilds Lakaiin, die von ihr herumkommandiert und schikaniert wurde; es war scheußlich mitanzusehen und demütigte auch die Betrachterin. Doch Charlotte hatte niemals Mitleid mit Babsi empfunden. Auch sie durchlebte Phasen, in denen sie sich Mechthild nähern wollte, und lud sie zu sich nach Hause ein.

Einen ganzen Nachmittag lang versprühte Mechthild reinsten Liebreiz. Doch an den kommenden Tagen verbreitete sie in den Schulpausen, dass Charlotte in erbarmenswerten, ärmlichen Verhältnissen lebe – wörtlich nannte sie es „asozial“. Der Gipfel war, dass Charlottes Mutter, die alte Verräterin, noch wochenlang von Mechthild schwärmte: „So ein nettes Mädchen! Und so hübsch!"

An dem Abend, als Charlotte länger blieb, hatte sich Mechthild plötzlich ganz nah neben Charlotte gesetzt. Der Wein war fast ausgetrunken, und Charlotte hatte einen Schwips. Mechthild hatte ihr tief in die Augen gesehen, als suchte sie dort etwas, und war immer näher gekommen. Charlotte wollte zurückweichen, doch hinter ihr befand sich die Wand. Sie saßen auf Mechthilds Bett. Ohne Vorwarnung küsste Mechthild sie, direkt auf den Mund. Charlotte war eine Spätentwicklerin und hatte in ihrem Leben noch nicht allzu oft geküsst. Die wenigen Male hatte sie in schlechter Erinnerung. Sie waren triefend nass und unappetitlich gewesen. Dieser Kuss jedoch nicht.

„Lotte", hauchte Mechthild nach dem Kuss zärtlich in ihr Ohr, und noch einmal: „Lotte."

So hatte Charlotte noch nie jemand genannt. Noch nicht einmal ihre Eltern. Jedem anderen hätte sie es strikt untersagt, denn dieser Kosename klang veraltet und lächerlich – nicht jedoch aus Mechthilds Mund. Von ihren Lippen kam es liebevoll und zärtlich. Wie zuvor dem unbekannten Gefühl der Wohligkeit gab Charlotte sich nun Mechthilds Armen hin und schloss die Augen.

Nach einer halben Stunde, so lang war die Zeit in Charlottes Erinnerung, schob Mechthild sie abrupt von sich weg. Sie sagte mit einer ganz veränderten Stimme: „Das würdest du doch bestimmt gerne mit Frau Heinrich machen, oder? Du kleine Schwuchtel!"

Frau Heinrich war der Name der Englischlehrerin.

Charlotte blickte kurz auf. Es war kein Zeitreise-Traum. Vor ihr saß noch immer Conny, die blasse Handarbeits-Conny, die aussah wie früher, so dass Charlotte einen Moment lang glaubte, jetzt *sei* früher, und sie säßen nicht in ihrer Wohnung in Berlin, sondern in ihrem Jugendzimmer in dem elenden Kaff, aus dem sie stammten. Charlotte betrachtete ihr Gegenüber, die Person aus einer anderen Zeit. Conny redete sich in Fahrt und hatte inzwischen rote Bäckchen. Wie wurde Charlotte sie nur wieder los? Um nach Berlin zurückzukehren, in ihre Wohnung, in die Wirklichkeit, ins Heute? In das Jahr 2002, in dem es Mobiltelefone gab, bereits Vorschulkinder besaßen sie, schnelle Computer, keine Vinyl-Schallplatten und keinen Sozialstaat mehr – und vor allem: keine Mechthild Sobotka?

„Wenn man immer nur die Kinder sieht", sagte Conny plötzlich, „dann ist es schön, mal mit jemandem richtig reden zu können. Ich meine, mit einem Erwachsenen. Ich könnte hier ewig mit dir sitzen! Oje! Ich verpasse bestimmt noch die letzte U-Bahn! Wir haben so viel gequatscht, da ist es mir gar nicht aufgefallen!"

Plötzlich hatte Charlotte sogar den Popsong im Ohr, den die Sportlehrerin zum Jazztanz auf einem eiernden Kassettenrekorder gespielt und der die gymnastikverliebte Conny stets zum Jauchzen gebracht hatte. Mechthild Sobotka trug im Sportunterricht immer dasselbe Sweat-Shirt. Es war hellblau, und auf der Brust prangte eine große Zahl in dunkelblau, der Nummer auf einem Sporttrikot ähnlich: 69. Charlotte erfuhr erst Jahre später in ihrer Studienzeit, was es mit dieser Zahl auf sich hatte. Ob Mechthild wohl damals ihre Bedeutung kannte? Und hatte Charlotte etwa wirklich geglaubt, den Geruch im Sammelumkleideraum nach dem Sportunterricht vergessen zu haben? Er stieg ihr in die Nase, jetzt, in ihrer Küche in Berlin-Friedrichshain. Schweiß. Durchtränkte Turnschuhe. Kichernde Teenager. Billige Parfüms. Mechthild, halb entkleidet. Mechthild mit verschwitzten Haaren und gerötetem Gesicht. Mechthild, die sie von der Seite anlächelte. Und Mechthild, die sich im nächsten Augenblick im Gemeinschaftsumkleideraum lauthals über den Umfang von Charlottes Oberschenkel amüsierte, auch ihren Hintern verschonte sie nicht, und sie fortan „Specki" nannte. Seltsamerweise reimte sich das auf „Mecki", Mechthilds verhassten Spitznamen. Oder sie nannte Charlotte „Schweinebacke". Letzteres war für eine Metzgerstochter vermutlich nahe liegend. Noch weit bis ins Erwachsenenalter hatte Charlotte ihre Oberschenkel verabscheut. Seit ihrem Abitur hatte sie kein Schweinefleisch mehr gegessen – alles andere schon, nur kein Schwein – und sich dadurch endlosen Debatten mit ihren Eltern aussetzen müssen, wenn sie sie besuchte, zum Beispiel darüber, ob sie heimlich zu einer anderen Religion konvertiert sei.

Ich bin erwachsen, rief sich Charlotte ins Gedächtnis, ich habe einen Beruf, mir geht es gut, mir geht es auch ohne Rita gut, und Mechthild Sobotka sah ich das letzte Mal vor zwanzig Jahren. Mechthild interessiert mich nicht. Sie bedeutet mir nichts, und sie hat nicht das Geringste mit meinem Leben zu tun. Mechthild ist ein Gespenst, eins aus der Vergangenheit, eins, das ich verscheuchen muss, endgültig.

„Was ist denn mit Hans-Jörg?“, fragte Charlotte. Zwischendurch war ihr aufgefallen, dass die Höflichkeit es gebot, sich hin und wieder am Gespräch zu beteiligen. „Redet ihr nicht miteinander?“

Conny nahm es dankbar auf. „Ach“, seufzte sie, „der sitzt ja doch meistens in seinem Arbeitszimmer, auch am Wochenende. Weißt du, mir fehlt eine richtige Freundin.“ Mit großen, erwartungsvollen Augen blickte Conny sie an. „Ich meine, Berlin ist ja ziemlich weit weg ... aber vielleicht könnten wir öfter mal telefonieren? Ich glaube, gerade fuhr meine letzte U-Bahn, oder?“

Charlotte war es gleichgültig, ob Conny ihre letzte U-Bahn verpasste. Sie hatte sich damit abgefunden, noch die halbe Nacht mit ihr zu verbringen. Erneut fragte sie sich, ob Mechthild Sobotka damals um die Bedeutung der Zahl auf ihrem blauen Sweat-Shirt wusste. Seit diesem seltsamen Nachmittag im Park hatten es Grasflecken verunziert, und Mechthild hatte es nur noch selten angezogen.

Mechthild und Charlotte hatten sich nachmittags im Park getroffen – einige Monate, bevor sie das Referat über Catull schreiben mussten. Es war ein warmer Sommertag, und sie hatten sich ins Gras gelegt. Mechthild begann, Charlotte zu kitzeln, anfangs ganz harmlos. Charlotte wehrte sich. Sie balgten eine Weile wie kleine, quiekende Ferkel – bis Mechthild Charlotte plötzlich fester kniff, in die Arme, die Seite, die Brust, so fest, dass es wehtat. Das Lachen verschwand aus Mechthilds Gesicht. Die Falten um ihren siebzehnjährigen Mund waren dennoch im Sonnenschein deutlich zu erkennen. Charlotte fand sie reizvoll und attraktiv, konnte jedoch nicht lange in ihrer Betrachtung verweilen, da sie einen Rippenstoß erhielt.

„Lass das!", sagte Charlotte, doch Mechthild hörte nicht auf. Die anfangs noch unschuldige Balgerei zweier Tierkinder war unvermutet in handfestes Raufen umgeschlagen – ohne dass es dafür einen ersichtlichen Grund gab. Mechthild warf sich auf Charlotte, boxte und trat sie, innerhalb kurzer Zeit waren sie ineinander verkeilt und völlig verschwitzt. Es musste irgendeinen Grund für diesen plötzlich entbrannten, ernsthaften Kampf geben, aber Charlotte fehlte die Zeit, ihn zu suchen. Mechthild wurde gewalttätig und gemein, so, als ginge es um ihr Leben, und Charlotte tat es ihr nach. Es ging um ihr Leben. Sie rammte ihr Knie in Mechthilds Magen, der kurz die Luft wegblieb, aber nicht lange. Mechthild, von ungeahnter Wut angetrieben, gewann die Oberhand, hockte sich rittlings auf Charlotte, umfasste mit beiden Händen ihren Hals und keuchte: „Lass die Finger von Frau Heinrich!"

Es war eine äußerst peinliche Angelegenheit, sie waren ja schon erwachsen, zumindest empfand Charlotte es so. Sie waren längst nicht mehr in dem Alter, in dem man sich raufte, und etliche Spaziergänger in dem kleinen Park blieben stehen, leinten ihre Hunde an und betrachteten Mechthild und Charlotte neugierig und belustigt.

Am nächsten Tag in der Schule ignorierten sie sich geflissentlich. Nach dem Sportunterricht blickte Charlotte im Umkleideraum mit großer Genugtuung auf Mechthilds Arme, die von großen blauen Flecken übersät waren.

Es war Donnerstag, der 17. Januar 2002.

Conny schlief noch auf dem Gästebett, als Charlotte frische Brötchen holte. Zuvor hatte sie sich an Conny herangeschlichen und sie kurz betrachtet. Wie beruhigend. Jetzt an diesem Morgen zeigten sich auch in Connys blassem, madigem Gesicht ernst zu nehmende Knitterfalten.

Was für ein Geburtstag, dachte Charlotte, als sie unten im Hausflur den Briefkasten öffnete. Darin befand sich nur ein einziger Brief, ein schlichter, weißer Umschlag ohne Absender. Charlotte riss ihn noch unten vor dem Kasten auf, denn die Handschrift erschien ihr bekannt, aber nur ganz flüchtig, wie aus einem anderen Leben.

„Hallo Schweinebacke, Glückwunsch zum Geburtstag. Ich habe nie aufgehört, an dich zu denken. Früher hatte ich oft das Gefühl, du kannst mich nicht leiden. Stimmt das? Ich habe Papas Fleischereigeschäfte übernommen und noch eine weitere Filiale eröffnet. Am kommenden Freitag, den 18. Januar, komme ich nach Berlin, um die Grüne Woche zu besuchen. Ich würde dich gerne sehen. Ich bringe dir einen echten Westfälischen Schinken mit, beste Qualität. Mechthild Sobotka"

Der 18. Januar, das war bereits morgen.

Charlotte kaufte Brötchen zum Frühstück und außerdem Wurst, viel Wurst. Leberwurst, Mortadella, Bierschinken, Sülze – alles vom Schwein.

Die Liebesprobe

Die Suche nach den richtigen Gläsern gestaltete sich schwieriger als erwartet. Nicht nur die Weingläser waren unauffindbar, Miriam entdeckte in der gewaltigen Unordnung ihrer Umzugskisten gar kein Geschirr, noch nicht einmal eine Kaffeetasse. Wie gut, dass sie heute in der Drogerie eine Packung mit fünfzig weißen Plastikbechern gekauft hatte, so dass sie ihrem Gast überhaupt ein Behältnis anbieten konnte. Fünfzig Stück, kleinere Packungen gab es nicht. Miriam wusste, was das bedeutete: Sie würde die braunen Kartons erst dann auspacken, wenn auch der letzte dieser fünfzig Becher verbraucht wäre.

Tagsüber aß sie in der Mensa der Universität und benötigte kein Geschirr. Abends ernährte sie sich von Kartoffelchips oder Keksen, weil diese Speisen ihre Einsamkeit und Isolation unterstrichen. Wasser und Milch trank sie aus der Flasche. Miriam war noch immer nicht eingezogen, obwohl sie seit beinahe einem Monat in dieser Wohnung lebte – falls das spartanische Hausen ohne jeden Komfort „leben“ zu nennen war. Sie wollte nicht hier sein, in der Fremde. Aber zurück konnte sie auch nicht.

„Es muss nicht stilecht sein“, versicherte Miriams Besuch, „wirklich nicht. Wir können auch gerne aus Plastikbechern trinken, wenn du nichts anderes findest. Das macht mir gar nichts aus.“

„Die Weingläser müssen hier aber irgendwo sein, ganz bestimmt“, rief Miriam aus dem Flur, während sie ungeschickt in einer Umzugskiste wühlte und dabei den im Augenblick unbrauchbaren Inhalt wahllos auf dem Fußboden verteilte. „Ganz bestimmt!“, rief sie in regelmäßigen Abständen in das Zimmer hinein, in dem Svenja, ihr Besuch, auf dem Teppich saß und wartete. „Ich finde sie gleich!“

Doch Miriam fand keine Gläser, stattdessen nur Nicoles alte, verfilzte Strickjacke, die sie sich einst von ihr geliehen hatte. Sie klaubte alles vom Boden auf und warf es zurück in die Kisten.

Svenja war der erste und bislang einzige Mensch, den Miriam in der fremden Stadt kennen gelernt hatte. Als Begrüßungsgeschenk hatte sie eine Tüte Salzstangen mitgebracht, die gleichzeitig für Brot und Salz, den Gaben zum Einzug, standen, und eine Flasche Rotwein samt Korkenzieher, als hätte sie geahnt, dass Miriam provisorisch aus Kisten lebte.

Ohne Weingläser kehrte Miriam in das Zimmer zurück und setzte sich neben Svenja auf den Fußboden. Die Auslegware, die ihn bedeckte, war schlammbraun, mit einem Stich ins Grüne, und gehörte zum Inventar ihrer vor einem Monat bezogenen Ein-Zimmer-Wohnung. Die Vermieterin, die „das Studentenvolk" nicht mochte, hatte mehrfach gemahnt, den Teppichboden pfleglich zu behandeln, so, als wäre er ihr ganzer Stolz oder eine wahre Schönheit; doch in Wahrheit stank er und war höchst unappetitlich. Mangels anderer Sitzgelegenheiten, von drei klapprigen Küchenstühlen einmal abgesehen, hatte Miriam den Boden für ihren Besuch zuerst mit einem Teppichreiniger eingeschäumt und dann gründlich gesaugt, um den eigentümlichen Geruch wenigstens etwas zu mildern, und sie hatte alle Umzugskisten, die noch immer bis zum Rand gefüllt waren, in die Zimmerecken geschoben oder in den Flur verbannt. Das war alles, was sie an Gastfreundschaft aufzubringen in der Lage war. Miriam wusste, sie hätte sich schon längst in dieser neuen Umgebung häuslich einrichten sollen, um Fuß zu fassen. Ihr neues Leben begann, hier, und sie durfte dem alten nicht mehr nachtrauern. Miriam wusste das. Das alte Leben war endgültig vorbei, zurückgelassen in der Stadt, in der sie drei Jahre gelebt hatte.

Feierlich öffnete Svenja die Tüte mit den Salzstangen und goss Rotwein in zwei Plastikbecher, als wäre dies die Ouvertüre zu einem fulminanten Mahl, und sagte: „So, nun erzähl mal. Was hat dich hierher verschlagen?"

Miriam wollte diese Frage zunächst mit einem „Da gibt es nicht viel zu erzählen“ abtun, doch sie sah, dass Svenja sich mit einer leicht durchschaubaren Ausflucht wie dieser nicht zufrieden geben und bohren würde, bis sie am Ende die ganze Wahrheit erfuhr.

„Also gut“, sagte Miriam. „Aber es ist keine schöne Geschichte.“

„Das habe ich mir schon gedacht“, sagte Svenja. „Wer zieht schon freiwillig in dieses langweilige Nest? Und du hast auch so eine Andeutung gemacht. Es klang nach dunklen Geheimnissen. Geheimnisse machen mich neugierig.“

Einerseits war Miriam erleichtert – wie lange hatte sie darauf warten müssen, endlich alles zu erzählen. Doch andererseits war es ihr unangenehm. Sie zierte sich. Am liebsten hätte sie die ganze Geschichte begraben, ohne feierliche Trauerrede, ein Loch buddeln, rein damit und zuschaufeln. Vergessen. Endlich vergessen.

„Eigentlich begann alles ganz harmlos“, sagte sie, trank ihren Plastikbecher in einem Zug leer und atmete tief durch. „An einem Freitagabend. Ich weiß noch genau, dass es ein Freitag war. Ist es nicht seltsam, dass man sich noch lange danach an den Wochentag erinnert? Es begann in dieser Bar, in der wir uns damals immer trafen. Unsere Lieblingsbar. Wir, das heißt, Tina, Kathrin, Nadine und ich. Tina Eins, um genau zu sein und möglichen Verwechslungen mit Tina Zwei, die auch noch eine Rolle spielen wird, vorzubeugen. Franziska, mit der ich mich besonders verbunden fühlte, war leider nicht mit von der Partie. Sie hatte kurzfristig abgesagt, denn sie zog einen romantischen Abend mit ihrer neuen Flamme vor. Ich war damals sehr glücklich in der Gesellschaft der Freundinnen. Zumindest dachte ich das. Wir kannten uns seit fast drei Jahren, seit meinem ersten Semester, und wir haben in dieser Zeit viel zusammen unternommen. Picknicke, lange Spieleabende. Die Spieleabende, so nannten wir sie, waren am schönsten. Ich fühlte mich so geborgen. Aber dieser Freitag veränderte alles, mein ganzes Leben.“

Miriam blickte kurz zu Svenja. „Ich fürchte, die Geschichte ist sehr lang", warnte sie. „Sehr lang und sehr kompliziert. Willst du sie trotzdem hören?"

Svenja faltete Salzstangen in ihren Mund und bejahte.

Miriam fuhr fort: „Zunächst verlief der Abend wie immer. Tina, Kathrin und Nadine tratschten über Bekannte, wie sie es häufig taten. Eigentlich taten sie es immer. Sie sind richtige schlimme Lästermäuler. Ich war nicht so ganz bei der Sache, weil ich ein Referat über Gottfried Kellers *Grünen Heinrich* vorbereiten musste. Ich hatte dafür nicht mehr viel Zeit und fürchtete mich vor dem Referat. Statt in der Bar hätte ich eigentlich über meinen Büchern sitzen müssen. Aber ich dachte, ein bisschen Freizeit ist ja wohl noch erlaubt. Tina, Kathrin und Nadine bemerkten meine Abwesenheit und zogen mich damit auf. Und plötzlich, als ich ihre Blicke sah, wurde mir klar, dass sie etwas ausgeheckt hatten, einen Plan. Ich sollte etwas tun – etwas, das meiner Natur vollkommen widerspricht. So begann es, an diesem Freitag."

An diesem Freitagabend saßen Miriam, Tina, Kathrin und Nadine in ihrer damaligen Lieblingsbar, verhalfen dem schwulen Inhaber zu gutem Umsatz und redeten über ihr gemeinsames Steckenpferd: die Liebe. Vorzugsweise wurden dabei unglückliche Liebschaften und Affären aus dem näheren und auch entfernten Bekanntenkreis thematisiert und einer scharfsinnigen Analyse unterzogen – je unglücklicher die Liebschaft, desto größer ihre Attraktivität. Abgesehen von Miriam hatten alle Anwesenden bereits in einem amourösen Verhältnis zueinander gestanden. Miriam galt als die Zurückhaltende in der Runde, die Schweigsame, der der muffige Hauch der Langweiligkeit anhaftete. Im Gegensatz zu den anderen suchte sie keine Abenteuer, weder sexuelle, noch sonstige.

An diesem Freitagabend lachte Miriam nur selten mit. Ihre Augen waren in die Ferne gerichtet, auf die Rippen des schmutzigen, vergilbten Heizkörpers an der Wand gegenüber. Die unterschiedlichen Stimmen in ihren aufdringlichen Tonlagen rauschten an ihr vorüber wie Verkehrslärm oder wie ein nie ausgeschalteter Fernseher, den man gar nicht mehr wahrnimmt. Tina, Kathrin und Nadine sprachen wild durcheinander – jede darum bemüht, sich hervorzutun und die anderen an Lautstärke und Eindringlichkeit zu übertreffen.

Dass Miriam nicht mitlachte, war nicht ungewöhnlich, keine der Freundinnen wunderte sich darüber. Es fiel noch nicht einmal auf. Miriam amüsierte sich meistens ein kleines bisschen weniger als die anderen. Tina, Kathrin und Nadine waren viel zu sehr mit sich selbst beschäftigt, um auf sie zu achten, und sie hatten vergessen, dass sie auch am Tisch saß, was Miriam allerdings weder störte noch kränkte – im Gegenteil. Das Gefühl, weit außerhalb des Mittelpunktes zu stehen, ein winziger, unscheinbarer Stern ganz am Rande der Milchstraße, verschaffte ihr ein Gefühl wohliger Behaglichkeit. Jeder Mensch hätte darunter gelitten, von den engsten Freundinnen übergangen zu werden, nicht so Miriam. Sie genoss es. Das aufregende Leben führten die anderen – zumindest war ihren allzu bereitwillig gegebenen Selbstauskünften zu entnehmen, dass es sehr aufregend sein musste –, und sie nahm daran teil, indem sie ihnen zuhörte. Das genügte ihr. Miriam brauchte die beruhigende Gewissheit, zur Gemeinschaft zu gehören. Diese Gewissheit vertrieb die Einsamkeit.

Miriam unterschied sich an diesem Freitagabend nicht wesentlich vom Heizkörper an der Wand gegenüber, stummes Inventar, von niemandem beachtet – bis sie plötzlich bemerkte, dass drei Augenpaare direkt auf sie gerichtet waren.

„Ich wollte gerade den letzten Schluck austrinken und dann gehen“, sagte Miriam und goss Wein in beide Plastikbecher nach. „Hätte ich das mal besser getan.“

Inzwischen hatte sich die Dämmerung über das Zimmer gelegt, und Svenjas Frage, ob sie nicht das Licht einschalten sollten, beantwortete Miriam mit einem erschrockenen „Nein!“. Die Dunkelheit war ihr lieber. Die Dunkelheit machte aus ihrer Stimme und aus jedem Geräusch ein Flüstern, und sie milderte das, was Miriam zu erzählen hatte, ab, statt es erbarmungslos grell zu beleuchten.

„Ich hatte schon fast meine Jacke angezogen", sprach Miriam weiter, „als mich alle ansahen. In diesem Moment wusste ich: Etwas war passiert. Kathrin rückte dann als Erste damit heraus, indem sie sagte, *ich* solle es machen. Zu diesem Zeitpunkt hatte ich keine Ahnung, worum es ging und wovon sie sprach. Machen? Ich? Was? Die anderen stimmten sofort begeistert mit ein, und es schien beschlossene Sache, noch bevor ich etwas dazu hätte sagen können. Sie haben mich einfach überrollt. Ich hatte viel zu lange über mein schwieriges Referat nachgedacht. Bei dem Gedanken an dieses Referat war mir schon Wochen vorher ganz übel vor Angst gewesen. Aber an diesem Abend hätte ich besser aufpassen sollen. Natürlich fragte ich gleich, was ich denn tun solle, und dachte an einen dummen Scherz. Später sollte mir klar werden, dass es kein Scherz war. Die drei brachen in brüllendes Gelächter aus. Kathrin sprach dann von den ‚glücklichen Liebenden', und davon, dass jemand sie testen solle, so drückte sie sich aus, um in Erfahrung zu bringen, ob sie wirklich so glücklich seien. Obwohl ich vorher nicht zugehört hatte, wusste ich sofort, dass die Rede von Nicole und Tina war. Tina Zwei, um genau zu sein, Martina. Die Tina in unserer Runde, Tina Eins, hieß Bettina."

Miriam hielt inne. „*Heißt* Bettina", korrigierte sie sich, denn aller Wahrscheinlichkeit nach weilte Tina Eins noch unter den Lebenden. „Sie *heißt* Bettina."

Dann fuhr sie fort: „Kathrin sagte, dass auch Nicole und Tina Zwei gewissen Verlockungen nicht widerstehen könnten, niemand könne das. Ich wollte zuerst protestieren und sagen: Ich kann widerstehen – aber ich schwieg. Kathrin deutete an, dass eigentlich *sie* die geeignete Person für diesen Test sei, und so ahnte ich schnell, worum es ging. Um Verführung, Affären, Betrug. Alles Dinge, mit denen ich nichts zu tun haben wollte."

Nicole und Tina Zwei, die glücklichen Liebenden, waren beliebtes Gesprächsthema der Mittzwanzigerinnen. Sie alle trauten so viel

Glück nicht über den Weg, beäugten es voller Skepsis – und auch voller Neid. Ein halbes Jahr zuvor hatten Nicole und Tina Zwei zueinander gefunden, galten seitdem als das Traumpaar und hatten sich nach und nach vom Kreis der Freundinnen abgekapselt. Unter den kritischen Augen der lesbischen Gesellschaft blieb solch ein Verhalten nicht ungesühnt.

Vor allem Kathrin war für den in Bierlaune erdachten Plan heiß entflammt. Affären und flüchtige Begegnungen waren Kathrins Lebenselixier. Sie war stadtbekannt für ihre unverblümten, schnörkellosen Annäherungsversuche. Fast immer waren diese Balztänze von Erfolg gekrönt, zum Erstaunen der Freundinnen, denen weniger Glück bei der Jagd beschieden war, ausgenommen Miriam, die sich nie für die Jagd interessiert hatte. Kathrin war auf der ständigen Suche nach weiblicher Beute, möglichst sportlich und blauäugig sollte sie sein, dabei aber auch eine gewisse naive Unschuld ausstrahlen, damit Kathrin ihre Rolle der mit allen Wassern gewaschenen Eroberin bis ins Letzte auskosten und genießen konnte. In Kneipen und auf Partys haftete ihr etwas Nervöses an, da ihre Blicke immerzu abschweiften. Ihre Augen gingen rastlos hin und her, denn sie befand sich auf der Pirsch, immerzu, auf der Suche nach Frischfleisch, das sie noch nicht betastet hatte.

„Ich stellte natürlich die nahe liegende Frage, warum Kathrin es denn nicht selbst täte, wenn doch zweifellos sie am besten dafür geeignet war", sagte Miriam. „Ich hoffte, auf diese Weise schnell wieder aus der Sache herauszukommen, bevor sie richtig begonnen hatte. Kathrin antwortete, Nicole sei sehr schnuckelig, genau ihr Typ, aber die Gruppenentscheidung sei bedauerlicherweise auf mich gefallen, und sie würde sich fügen."

Miriam blickte an Svenja vorbei in den Raum, der ihr neues Zuhause darstellte. Das Dämmerlicht darin ließ nur noch unscharfe Umrisse erkennen.

„Ich sollte mich an Nicole heranmachen und sie verführen", erzählte sie weiter. Sie sprach jetzt sehr leise. „Ich. Ausgerechnet ich. Du kennst mich ja noch nicht lange, sonst wüsstest du, dass kein

Funke Begabung für diese Dinge in mir steckt. Außerdem hatte ich zu der Zeit selbst eine Freundin, Sonja. Wir waren fast zwei Jahre zusammen. Aber wer weiß, vielleicht lief zwischen uns doch nicht alles so gut, wie ich dachte. Als ich den drei Freundinnen sagte, ich mache da nicht mit, schwenkten sie um und redeten auf einmal über Sonja und mich. Sie sagten, ich sei nicht gerade die leibhaftige Verführung, und mit Sonja sei ich doch nur zusammengekommen, weil sie mich erwählt habe."

Tina Eins, Kathrin und Nadine redeten sich in Rage und waren immer begeisterter von ihrem Plan. Sogar im schummrigen Licht der Bar waren die Röte und die aufgeregte Erhitztheit ihrer Gesichter deutlich zu erkennen. Tina Eins sprach von einem therapeutischen Hintergrund. Sie brüstete sich gern damit, zwei Semester Psychologie studiert zu haben, und nutzte jeden sich bietenden Anlass, es zu erwähnen. Kathrin führte an, dieses Vorhaben werde Miriams beschränkten Horizont erweitern, und betonte mehrfach, dass sie ohnehin keine Befürworterin der Monogamie sei, die ihrer Meinung nach der menschlichen Natur zuwiderlaufe. Die drei Freundinnen verlangten von Miriam, das vermeintliche Liebesglück zwischen Nicole und Tina Zwei auf die Probe zu stellen. Nicole und Tina Zwei seien zu zweit einfach nicht mehr zu ertragen, so die einhellige Meinung. Dieses Glück sei kein echtes, das erkenne man doch auf Anhieb, sondern nur demonstrativ zur Schau gestellt, die Küsserei, das Gefummel in der Öffentlichkeit, das Schatzi-Getue, all das solle lediglich dazu dienen, andere zu beeindrucken.

Tina Eins, Kathrin und Nadine steigerten sich in ihren Plan hinein und wurden regelrecht trunken davon. Miriam hingegen wollte nach Hause, wo *Der grüne Heinrich* auf sie wartete. Doch Tina Eins, die Mütterliche, hatte ein neues Bier für sie bestellt, ein großes. Miriams Glas war noch randvoll. Sie begann zu schwitzen, und sie wusste, dass sie einen feuchten Fleck auf dem Plastikstuhl hinterlassen würde, wenn sie jetzt aufstünde, wie bei einer Prüfung – oder ihrem gefürchteten Referat, das sie in der kommenden Woche würde halten müssen. Auf keinen Fall würde sie tun, was die Freundinnen Ungeheuerliches von ihr verlangten. Auf gar keinen Fall. Es war ein niederträchtiger Plan, geradezu sittlich verkommen.

„Ich hatte meine Freundinnen aufrichtig gern", sagte Miriam. „Wirklich. Sie fehlen mir. Ich vermisse sie sehr. Zweimal sind wir zusammen in den Urlaub gefahren, gemeinsam mit ein paar anderen, beide Male zu einem Frauen-Campingplatz. Ich hatte meine Freundinnen gern, aber das ging einfach zu weit. Diesen Gefallen würde ich ihnen nicht tun. Ich verweigerte meine Beteiligung an diesem moralisch verwerflichen Plan."

Die gemeinsamen Ferien mit den Freundinnen gipfelten jedes Mal in einer kleinen Katastrophe. In den Zelten, in denen Miriam nicht übernachtet hatte, waren Dinge geschehen, die sich ihrer Kenntnis entzogen. Sie hatten dazu geführt, dass sich morgens jeweils zwei der Freundinnen mit scheuen Gesten der Verlegenheit aus dem Weg gegangen waren und wiederum andere aus der Gruppe für den Rest des Urlaubs kein einziges Wort mehr miteinander gewechselt, sondern stattdessen nur giftsprühende Blicke getauscht hatten. Das hatte die Ferien ein wenig getrübt.

Die Freundinnen bedeuteten Miriam viel. Sie bedeuteten selbstgewählte Familie, Schoß der Geborgenheit und die Abwesenheit von Einsamkeit. Aber der Plan von Tina, Kathrin und Nadine ging eindeutig zu weit. Miriam kannte Nicole, das auserkorene Opfer, deren Treue es zu testen galt, kaum, und sie hielt große Stücke auf die Monogamie. Oder, anders gesagt, flüchtige Affären, mit denen die anderen gern prahlten, waren ihr fremd. Verwicklungen bereiteten Miriam geradezu körperliche Schmerzen, sie liebte es einfach und klar. Der Plan der Freundinnen aber zöge unweigerlich Verwicklungen nach sich – und nicht nur die allein, sondern zudem auch Tränen und Leid.

„Wir haben an diesem Freitagabend nicht nur über Nicole und Tina Zwei geredet", sagte Miriam. „Aber an den beiden bissen sie sich fest und ließen nicht mehr los. Ihr idiotischer Plan war ihnen nicht auszureden, allerdings habe ich es auch nicht lange versucht. Ich will niemandem die Schuld geben. Ich hätte einfach früher gehen sollen. Meinem Referat hätte das auch besser getan. Und alles wäre dann nicht passiert."

An dem bewussten Freitagabend analysierten Tina, Kathrin und Nadine verschiedenste Liebes-Konstellationen im Bekanntenkreis gründlich. Es war so, als stürzten sie sich auf ein lange herbeigesehntes, ungeheuer süßes Dessert, das sie am liebsten in der Gemeinschaft genossen, weil es so am besten schmeckte. Sie bedauerten aufrichtig ein depressives Trennungsopfer namens Heike, die über das Ende ihrer langjährigen Beziehung nicht hinwegkam. Und als wäre das allein nicht bereits schlimm genug, so erzählte Nadine – dann sei auch noch ihre Katze gestorben, ausgerechnet jetzt. Hätte die Katze damit nicht noch ein paar Wochen warten können? Mit der toten Katze hätte sich die trauernde Heike eine ganze Nacht ins Bett gelegt. Sie hätte keine zweite, schmerzliche Trennung mehr ertragen können und hatte den endgültigen Abschied, den das Leben manchmal für uns bereithält, hartnäckig zu verleugnen gesucht – bevor sie dann die Katze am nächsten Tag, nach der gemeinsamen Nacht, heimlich im Vorgarten unter ihrem Küchenfenster vergrub.

Ergriffen schwiegen Tina, Kathrin, Nadine und Miriam für einen kurzen Moment und fragten sich, jede allein, wie lange es wohl dauerte, bis bei einer Katze die Leichenstarre eintrat und ob Körperwärme unter der Bettdecke sie hinauszögern konnte.

„Mir ging der Plan nicht mehr aus dem Kopf", sagte Miriam. „Statt ihn einfach zu vergessen, dachte ich tagelang darüber nach. Immer. Beim Einschlafen und beim Aufwachen. Auch bei der Vorbereitung meines Referats musste ich ständig an diesen Abend und die spitzen Bemerkungen der Freundinnen denken. Plötzlich war ich verunsichert. Ich ertappte mich dabei, Sonjas Küssen auszuweichen. Jedes Mal, wenn ihr Mund meinem näher kam, fragte ich mich, ob diese Verbindung tatsächlich ganz ohne mein Zutun zustande gekommen war, nur deshalb, weil Sonja alleine den aktiven Part übernommen hatte. War ich wirklich so energielos? So passiv? Vielleicht ist es ja so, vielleicht habe ich einfach nur abgewartet, mein ganzes Leben lang. Ich vernachlässigte das Referat und fragte mich in diesen Tagen, ob sie Recht hatten, ob ich nicht dazu in der Lage wäre, jemanden zu verführen. Ich könne noch nicht einmal in einer Schnecke Liebesgefühle erwecken, hatte Nadine unter allgemeinem Gelächter an diesem Freitagabend gesagt. Ihre Stimme habe ich noch im Ohr."

Aus welchem Grund war Nadine ausgerechnet auf Schnecken gekommen? Menschen, die sich dem Gärtnern verschrieben haben, betrachten Schnecken mit unverhohlener Abscheu und sogar grenzenlosem Hass, da der Schutz ihrer Pflanzen für sie die oberste Priorität besitzt. Andere hingegen entdecken Parallelen zum weiblichen Geschlecht, in der Beschaffenheit des Fleisches, der Poren und nicht zuletzt wegen der schleimigen Spur, die Schnecken hinterlassen.

Tina Eins, die gerne die Fäden in der Hand hielt und sich den Anschein der lebenserfahrenen, weisen Chefin gab, sprach nicht über Schnecken, sondern von einem ernst zu nehmenden Dominanzproblem in Miriams Beziehung zu Sonja. Sie betonte dieses Wort, wiederholte es mehrfach und zog es dabei unnatürlich in die Länge. Sie redete sehr hochgestochen von der Verführbarkeit des Menschen im Allgemeinen, über die Frage, ob man in intakte Liebesbeziehungen einbrechen könne, und darüber, dass es sich um ein spannendes Experiment handelte. Zugleich aber auch um einen originellen Streich, ersonnen von fidelen Freundinnen, die es verstanden, dem oftmals tristen Leben die richtige Würze zu geben, den kleinen Kick, die nie Langeweile aufkommen ließen, und sich darüber hinaus den großen Fragen des Lebens widmeten – und eine davon sei die nach der Treue. Tina Eins, Kathrin und Nadine beglückwünschten sich gegenseitig zu dem in ihren Augen gelungenen Plan. Sie verbissen sich in Nicole und Tina Zwei, den glücklichen Liebenden, die ihnen ein Dorn im Auge waren, wie ein

Rudel hässlich kläffender Jagdterrier in einem Wildschwein, und ließen nicht mehr von ihnen ab.

Mit einem schnellen Blick in das dämmrige Zimmer überprüfte Miriam, ob sie sich Svenjas Aufmerksamkeit immer noch gewiss sein konnte. Dann erzählte sie weiter.

„Der Zufall wollte es, dass ich wenige Tage später tatsächlich Nicole, die ich nur flüchtig kannte, auf einer Geburtstagsfeier traf. Wäre ich bloß nicht zu dieser Feier gegangen! Aber es war Franziskas dreißigster Geburtstag, etwas Besonderes, und außerdem wollte ich ... ich wollte nicht einsam sein. Ich wollte dabei sein. Ich wollte immer dabei sein, seit ich denken kann. Vielleicht war das mein Fehler. Ich dachte mein ganzes Leben lang, ich könnte etwas Wichtiges verpassen, wenn ich nicht dabei wäre. Sonja, meine Freundin, hatte an diesem Abend keine Zeit. Das Referat hatte ich inzwischen übrigens hinter mich gebracht, aber nur mit Hängen und Würgen. Ich schämte mich deswegen. Der Dozent hatte gesagt, für eine Hausarbeit und einen Schein müsse ich das alles noch einmal gründlich überarbeiten, und der Ton, in dem er es mir mitteilte, und sein angeekelter Blick ließen mich erkennen, was ich ohnehin schon ahnte: dass ich versagt hatte."

Es war keineswegs so, dass Tina Eins, Kathrin und Nadine auf der Geburtstagsfeier einige Tage später mit der Peitsche hinter Miriam gestanden hätten, um sie zur Planerfüllung zu treiben. Im Gegenteil, sie hatten ihren Plan bereits nach kurzer Zeit wieder vergessen, zumal sie sowieso nie ernsthaft damit gerechnet hatten, sich Miriam gefügig machen zu können. Miriam selbst war es, die nicht vergessen konnte. Von weitem betrachtete sie verstohlen Nicole, die ohne Tina Zwei erschienen war, und sah sofort wieder weg, sobald sie den Kopf in ihre Richtung drehte.

Nicole fühlte sich auf der Geburtstagsfeier ohne ihre Freundin Tina Zwei, die an diesem Abend verhindert war, nackt. Nackt und wacklig auf den Beinen. Seit Monaten war Nicole nicht mehr daran gewöhnt, zu gesellschaftlichen Ereignissen ohne Begleitung zu erscheinen. Sie hatte es verlernt. Sie konnte sich auf einem solchen Parkett nicht mehr ohne den Schutz ihrer Freundin bewegen, sie konnte keinen Schritt ohne sie tun. Seit exakt sechs Monaten und drei Wochen war es so, um genau zu sein. Mit einer gewissen Erleichterung bemerkte sie Miriams Blicke, die nach etwas Ausschau zu halten schien, und trat an sie heran.

„Nicole und ich kamen dann miteinander ins Gespräch." Miriam lehnte es noch immer ab, Licht einzuschalten. „Kein Licht!", bat sie ihren Gast, „bitte kein Licht! Lass mich lieber im Dunkeln weiterreden. So spricht es sich leichter. Das ist wie früher, als meine Schwester und ich noch klein waren und uns Geheimnisse erzählten. Wir lagen in unseren Betten, das Licht war gelöscht, und wir sollten längst schlafen. Welche Geheimnisse erzählen sich Kinder? Oder waren es Gruselgeschichten? Aber ich schweife ab. Die Geburtstagsfeier. Nicole und ich redeten dort sehr lange miteinander, außergewöhnlich lange, und ich stellte bald fest, wie sympathisch sie mir war. Plötzlich machte mir die Schlappe mit dem Referat gar nichts mehr aus. Während wir miteinander sprachen, musste ich manchmal an diesen Plan denken und daran, dass Nicole nicht das Mindeste davon ahnte. Ich kam mir ein wenig schäbig vor. Tina Eins, Kathrin und Nadine lugten wahrscheinlich die ganze Zeit hinter den Ecken hervor und beobachteten uns. Schließlich war es ja ihre Idee gewesen."

In einer plötzlichen Eingebung beschloss Miriam, an diesem Abend ihre Verführungskünste, von denen sie bis zu diesem Zeitpunkt gar nicht wusste, ob sie überhaupt vorhanden waren, auf die Probe zu stellen. Der Satz aus Nadines Mund brannte noch immer tief in den Windungen ihres Gehirns: Sie könne noch nicht einmal in einer Schnecke die Liebe erwecken. Noch nicht einmal in einer Schnecke.

Miriam betrat Neuland und flirtete mit Nicole. Es gelang viel besser, als sie erwartet hatte – mehr noch, es fiel ihr sogar überraschend leicht. Sie wurde beschwingt, ihre Wangen röteten sich, und ihr Blut brodelte aufdringlich. Es prickelte so sehr, dass es unter übermächtigem Druck hervorschäumen und meterweit spritzen würde, wenn sie sich jetzt aus Versehen in die Haut schnitte.

Diese neuartigen Empfindungen machten Miriam kühn. Viel kühner, als sie eigentlich war. Sie berührte Nicole beim Reden. Zuerst nur flüchtig am Arm und dann, als sie saßen, legte sie manchmal für einen Moment ihre Hand auf Nicoles Schenkel. Nicole trug einen kurzen Rock, und Miriam konnte fremde, warme Haut unter der Strumpfhose erahnen. Sie dachte an ihre Freundin Sonja. Sonja trug nie Röcke. Sie fragte sich, ob Tina, Kathrin und Nadine sie beobachteten und feixten. Kathrin nicht, vermutete sie, denn bestimmt hatte sie Besseres zu tun. Auf dieser Geburtstagsfeier lungerten mindestens drei unbekannte Frauen herum, Frischfleisch, und wenigstens eine davon sollte sich als lohnende Beute für Kathrin eignen. Miriam dachte an Schnecken. Schnecken mit Gehäuse, Schnecken in Kräuterbutter, Schnecken, die unermüdlich Löcher in Pflanzen fraßen, schwarze und rotbraune Nacktschnecken, zertreten auf dem Spazierweg. Vor allem aber dachte Miriam an Nicole.

„Und was geschah dann?", fragte Svenja in die Dunkelheit hinein. Der schlammbraune Teppichboden, auf dem sie immer noch saßen, war nicht mehr zu erkennen, was einer großen Gnade gleichkam.

Miriam antwortete nicht sofort.

„Miriam?", fragte Svenja. „Bist du noch da? Was geschah dann?"

„Ich habe mich verliebt", presste Miriam leise hervor. Es klang nicht heiter. Vielmehr klang es wie die Verkündung eines schrecklichen Unglücks. „Wir trafen uns nach der Geburtstagsfeier zweimal. Heimlich. Ich erzählte niemandem etwas davon. Weder Sonja – noch Tina, Kathrin und Nadine."

Eine plötzliche Warnung schoss durch Nicoles Kopf, das erste Mal seit sechs Monaten und drei Wochen. *Vergiss nicht dein eigenes Leben, sonst stehst du am Ende dumm da*, so lautete sie. In diesem Moment beschloss Nicole, dass sie auch ohne ihre Geliebte soziale Kontakte pflegen musste. Sie ganz allein. Seit mehr als einem halben Jahr teilte sie restlos alles mit Tina Zwei, die Studienfächer, die Freundinnen – denn sie hatten nur noch gemeinsame Freundinnen –, und sogar die Unterhosen und den Rasierer für die Beinbehaarung. Deshalb sagte sie bereitwillig zu, als Miriam sie auf der Geburtstagsfeier schüchtern um ein Treffen zu zweit bat. Miriam würde ihr erster eigener Kontakt seit sechs Monaten sein, einer, der nur ihr ganz allein gehörte.

„Um es kurz zu machen – wir landeten gleich am ersten Abend im Bett."

Miriams Stimme war noch leiser geworden, so kläglich und dünn, dass Svenja angestrengt die Ohren spitzen musste, um alles zu verstehen.

„Ich weiß gar nicht, wie es dazu kam", sagte Miriam. „Ich bin ja keine große Verführungskünstlerin. Es geschah einfach so, und ich wollte es. Es war unvergleichlich schön. Ich habe so etwas noch nie erlebt. Alles, was jemals vorher in meinem Leben geschehen war, zählte nicht mehr. Natürlich nahm ich an, dass Nicole genauso empfand. Alle Verliebten wünschen sich das. Wie dumm von mir. Wie ungeheuer dumm. Heute bin ich klüger. Aber heute nützt es mir nichts mehr."

Für kurze Zeit schritt Miriam wie im Traum durch das Leben. Alles fiel ihr leicht. Nicole und sie trafen sich ein zweites Mal – danach dachte Miriam, der Sex sei neu erfunden worden, der Sex und auch die Liebe, erfunden von einer liebreizenden Nicole, eigens für sie. Am Morgen nach der zweiten Nacht lieh sie sich Nicoles alte Strickjacke, weil das Wetter ohne Vorwarnung umgeschlagen war und nun überraschend schnell den beginnenden Herbst einleitete. Die Strickjacke war verfilzt, an den Ellbogen fast durchgescheuert und mit unzähligen kleinen Wollkügelchen übersät, aber Miriam zog sie so behutsam und zärtlich um ihren Körper, als handelte es sich um ein geliebtes Wesen, dem sie auf gar keinen Fall wehtun wollte.

Nicole hingegen bereute sehr bald, was geschehen war. Am Morgen nach der zweiten Nacht wachte sie als Erste auf, blickte verschlafen auf ein Muttermal auf Miriams Rücken, wunderte sich, zu wem es gehörte, und verspürte weder das Bedürfnis, dieses Muttermal, noch den Rücken zu berühren – und da wusste sie, diese kurze Affäre würde bald ein Ende haben. Sie wollte es herbeiführen, bevor sie größere, möglicherweise nicht mehr zu steuernde Ausmaße annahm.

Ihre Freundin Tina Zwei war inzwischen misstrauisch geworden und wiederholte, wann immer sich die Gelegenheit bot, dieselbe Frage: „Mit wem hast du dich getroffen?" Denn Tina Zwei wurde von dunklen, schweren Vorahnungen übermannt und befürchtete, dass Nicoles ganz plötzlich erwachter Freiheitsdrang nichts Gutes bedeutete. Nicole verabredete sich mit anderen, ohne dass Tina Zwei auch eingeladen war. Das waren ganz neue Sitten. Seit einem halben Jahr taten sie alles gemeinsam, und wenn es nach ihr ginge, sollte es auch dabei bleiben. Tina Zwei war ein Mensch, der erst in Beziehungen aufblühte und den alles zur Verschmelzung drängte.

„Plötzlich veränderte sich alles", sagte Miriam, „ganz plötzlich, ich weiß nicht, wieso. Ich konnte nichts dagegen tun, ich war machtlos. Und ich mag doch keine Veränderungen. Veränderungen machen mich krank. Natürlich wollte ich Nicole wieder sehen, unbedingt, denn jede Liebe ist angetrieben vom Wunsch nach Wiederholung. Ich rief sie ständig an. Entweder war sie nicht zu Hause oder, viel schlimmer, so kurz angebunden, dass ich nicht wagte, sie um ein Treffen zu bitten. Zufällig lief ich in diesen Tagen Nadine über den Weg, die mir erzählte, Nicole und Tina Zwei hätten sich getrennt. Ob ich das etwa nicht gewusst habe. ‚Tu doch nicht so überrascht', sagte sie. Die Trennung war das Gesprächsthema Nummer eins, ohne dass ich etwas davon mitbekommen hätte. Ich sei daran ja nicht ganz unschuldig, das sagte Nadine auch noch. Wieso? Wie kommst du denn darauf, wollte ich einwerfen, und auch, dass sie doch nie ein gutes Haar an Nicole und Tina Zwei gelassen habe, ich wollte sie an diesen unseligen Plan des Freitagabends erinnern – aber dazu kam ich nicht mehr. Nadine war schon gegangen. Sie ließ mich einfach stehen."

Nicole hatte die Freiheit entdeckt. Sie leckte sich genüsslich die Finger und wollte immer mehr davon. Sie kostete sie aus, als hätte sie die Freiheit lange Zeit entbehren müssen. Miriams häufige Anrufe wurden ihr lästig, und so bat sie die loyalen Mitbewohnerinnen ihrer Wohngemeinschaft, sie zu verleugnen. Miriam, das war nicht der Name ihrer Freiheit.

Trotzdem erzählte sie Tina Zwei, ihrer Freundin, von der kleinen Liaison, da sie von Tag zu Tag argwöhnischer wurde und sie schließlich so lange mit Fragen bombardierte, bis Nicole die Taktik des Verschweigens aufgab und beichtete.

Die Beichte war folgenschwer. Die glücklichen Liebenden, Nicole und Tina Zwei, die Unzertrennlichen, die sich so oft in der Öffentlichkeit geküsst und geherzt hatten, die zu jedem größeren oder kleineren gesellschaftlichen Ereignis gemeinsam erschienen waren, existierten fortan nicht mehr.

Sonja, Miriams Freundin, wurden aus verschiedenen Quellen rasch die neusten Entwicklungen zugetragen, und bald darauf war auch diese Beziehung nur mehr Makulatur.

Etwas später wandten sich Nicole und Kathrin einander zu – eine Sache weniger Minuten, da Kathrin das Handwerk der Umgarnung virtuos beherrschte. Nicole war begeistert von ihr. Kathrin erschien ihr wie die göttliche Offenbarung sexueller Erfahrenheit und Raffinesse. Es gebe nichts, raunte Kathrin verführerisch in Nicoles Ohr, absolut nichts, was sie im Bett nicht schon ausprobiert habe. Nicoles kurz aufgeflammtes Interesse an Miriam war damit gänzlich erloschen.

Miriam wurde nicht mehr eingeladen – weder zu Spieleabenden, noch zu Besuchen in der Lieblingsbar. Alle, die der lesbischen Gemeinde angehörten, vertraten die Ansicht, sie habe nicht nur böswillig ihre eigene Beziehung mit Sonja aufs Spiel gesetzt, sondern überdies auch noch die von Nicole und Tina Zwei auf dem Gewissen. Miriam wurde gemieden. Plötzlich war sie eine *persona non grata*. Zwar wurde ihr keine offene Feindschaft entgegengebracht, aber sie spürte ganz genau, was die Blicke rings um sie herum zu bedeuten hatten.

„Ich hatte befürchtet, dass sich der Wechsel des Studienortes viel schwieriger gestalten würde", sagte Miriam. „Aber es war dann ganz unkompliziert. Und da ich schon einmal dabei war, wechselte ich auch gleich noch mein Hauptfach. Ehrlich gesagt habe ich Germanistik nie wirklich gemocht. In dieser ganzen Zeit war Franziska übrigens die Einzige, die zu mir hielt und die mich nicht so merkwürdig ansah, wie die anderen es taten. Sie nahm es ganz gelassen. Wahrscheinlich liegt das daran, dass sie schon ein bisschen älter ist. Franziska war nur leider frisch verliebt, das heißt, sie hatte selten Zeit. Eigentlich hatte sie nie Zeit, wenn ich recht darüber nachdenke. Wenn wir telefonierten, bedauerte sie mich, das tat mir gut, und sie versicherte, dass wir uns bald sehen würden, doch immer, wenn es so weit war, sagte sie die ohnehin nur vage getroffene Verabredung wieder ab. Franziska war schwer verschossen und ging ganz darin auf. Sie und ihre neue Liebste sahen sich jeden Tag, das ist wohl so in dieser Phase, und sie konnten nicht genug voneinander kriegen. Kurzum, auf Franziska konnte ich also auch nicht bauen. Und so entschloss ich mich, aus der Stadt wegzuziehen, von heute auf morgen, weil ich es einfach nicht mehr aushielt. Dabei hasse ich doch Veränderungen. Ich hasse sie."

Die Geschichte war beendet. Miriam schwieg. Auch ihrem Besuch Svenja hatte es zunächst die Sprache verschlagen. Doch dann erhob sie sich vom Fußboden, schritt vorsichtig über die Plastikbecher, die Weinflasche und die Salzstangen hinweg und ging zum Lichtschalter neben der Tür. Sie betätigte ihn, ohne auf Miriams schnell einsetzenden, aber schwachen Protest zu achten: „Kein Licht! Bitte kein Licht!"

Von der Decke leuchtete eine nackte Glühbirne. Der schlammbraune Teppichboden war wieder zu erkennen. Dass Miriam in ihrer neuen Wohnung immerhin eine Glühbirne eingeschraubt hatte, wertete Svenja erleichtert als Zeichen des unbesiegbaren Lebenswillens.

„Wir räumen jetzt deine Umzugskartons aus", sagte Svenja. In ihr war der Tatendrang erwacht.

„Was? Wie bitte?" Angesichts der plötzlichen Helligkeit kniff Miriam noch immer die Augen zusammen.

„Du hast richtig gehört", sagte Svenja. „Wir räumen deine Kartons aus. Jetzt sofort. Wir beide zusammen. Zu zweit geht das viel schneller. Du musst hier endlich heimisch werden."

Entschlossen begann sie mit der erstbesten Kiste im Flur, ohne auf Miriam zu warten. Sie entdeckte zwei Teller, einer davon war zerbrochen, stapelte Bücher in einer Ecke aufeinander und tat dies alles sehr schnell und systematisch.

„Was wurde eigentlich aus Tina Zwei, Nicoles Freundin?", fragte sie betont heiter, als ihr Miriam zögerlich in den Flur gefolgt war, die Hände in den Hosentaschen, und teilnahmslos zusah, wie eine Fremde sich eigenmächtig an ihren wenigen Habseligkeiten zu schaffen machte. Sie leistete keinerlei Gegenwehr. Soeben entfaltete Svenja die erste, leergeräumte Kiste und lehnte sie an die Wand.

„Ach die ...", sagte Miriam. „Sie und Tina sind jetzt ein Paar, soweit ich weiß. Tina Eins, die Psychologin. Tina und Tina."

Svenja war bei der zweiten Umzugskiste angelangt. Eine alte, verfilzte Strickjacke lag obenauf, die an den Ellbogen fast durchgescheuert und über und über mit kleinen Wollkügelchen gespickt war. Svenja zog sie heraus und warf sie achtlos auf einen kleinen Hügel mit Kleidungsstücken, den sie erst wenige Minuten zuvor aufzuschütten begonnen hatte.

Miriam, die bis dahin wenig Interesse für Svenjas Aktivitäten gezeigt hatte, riss die Jacke fauchend an sich und ging damit zurück in das Zimmer mit dem schlammbraunen Teppichboden. Sie trug sie zu ihrem Bett, das nur aus einer Matratze auf dem Fussboden bestand. Sie hob die Bettdecke an und legte die Jacke behutsam und zärtlich darunter, so als wäre sie ein kleines, ausgekühltes Tier, das entsetzlich fror.

Noch eine einzige Nacht würde Miriam mit ihr verbringen, bevor sie Nicoles alte Strickjacke am nächsten Morgen im Müll vergrub.

Gunda schmollt

Es war wieder so weit. Gunda Kleinschmidt hatte die Tür hinter sich geschlossen. Die Jalousien heruntergelassen. Die Fensterläden zugeschlagen. Die Schotten dichtgemacht.

„Was ist mit dir? Was hast du plötzlich? Was ist denn los?“ Fragen dieser Art an Gunda zu richten, war immer vergeblich. Gunda hasste solche Fragen. Sie bewirkten das Gegenteil von dem, was mit ihnen bezweckt wurde. Es gab keine Rettung mehr und kein Herankommen an Gunda. Es war zu spät.

Meistens ging alles sehr schnell. Zuerst schwieg Gunda, sie stellte plötzlich mitten im Gespräch das Reden ein. Kleine Veränderungen ihres Gesichtsausdrucks kündigten für geübte Beobachter den verhängnisvollen Stimmungswechsel an. Gunda kümmerte es nicht, was andere Menschen in solchen Momenten von ihr dachten. Viel zu sehr war sie mit den Vorgängen, die sich in ihr abspielten, beschäftigt. Mit ihr geschah etwas, etwas Großes und Übermächtiges – was scherte sie da ihr Gegenüber?

Später fand sie zwar die Sprache wieder, dies jedoch zögerlich und wortkarg, als gälte es, mit Worten so sparsam wie möglich umzugehen. Nur mit größter Mühe presste Gunda dann das Allernötigste heraus, das sich zumeist auf „ja“, „nein“ und „willst du auch einen Tee?“ beschränkte.

Für Gundas Gegenüber war es nicht leicht zu erkennen, wann es wieder so weit war. Eigentlich war eine Vorhersage unmöglich. Es existierte kein Frühwarnsystem. Es konnte immer geschehen, aus heiterem Himmel, ganz überraschend, zu jeder Tages- und Nachtzeit. Im Schnitt geschah es alle zwei bis drei Wochen, manchmal auch öfter. Es war eine Plage. Es kam einer Naturgewalt gleich, einem Unwetter, vor dem man sich nur verkriechen konnte, gottergeben darauf wartend, dass es rasch vorüberzog.

Diesmal begann es mit Simones grüner Regenjacke.

Nahezu jeder andere Anlass hätte ebenfalls als Auslöser dienen können, eine Kaffeetasse, der Computer, das Fernsehprogramm, Urlaubsplanungen, das korrekte Waschen von Wollsocken oder die Frage, ob Sex oder das Abendessen an erster Stelle auf dem Freizeitprogramm stand – dem Abendessen den Vorzug zu geben, garantierte in den meisten Fällen die anschließende Verstimmtheit Gundas –, doch an diesem Samstag um die Mittagszeit stellte zufälligerweise Simones grüne Regenjacke den Stein des Anstoßes dar. Dabei mochte Gunda die Farbe grün noch nicht einmal. Ein Kleidungsstück in dieser Farbe war es nicht wert, dass sie verzweifelte. Dieses scheußliche Grün sollte sie nicht in den Grundfesten ihres seelischen Gleichgewichts erschüttern, das durfte nicht sein – und dennoch, Gunda war machtlos, allen guten Vorsätzen zum Trotz, dass es nicht schon wieder passieren möge, nicht jetzt, nicht heute.

Es begann wie immer, ein klassischer Fall. Für Gunda war es vertraut, vergleichbar damit, einen alten, unliebsamen Bekannten zu treffen, der sie schon seit frühester Kindheit verfolgte und den sie einfach nicht loswurde. Das erste Mal trat er in Erscheinung, als Gunda fünf Jahre alt war. Seitdem suchte dieser lästige Begleiter sie in regelmäßigen Abständen heim und vergällte nicht nur ihren Mitmenschen, sondern vor allem ihr selbst das Leben.

Im Laufe vieler Jahre hatte Gunda Kleinschmidt eine ganze Reihe unterschiedlicher Menschen mit ihrer besonderen Eigenart geplagt. Manche weniger, einige nur indirekt, so dass sie annahmen, Gunda habe lediglich einen schlechten Tag erwischt, was ja jedem passieren konnte, sogar ausgewiesene kleine Sonnenscheinchen waren manchmal missgestimmt – und andere wieder in einem kaum zu ertragenden Ausmaß. Simone, Gundas Partnerin, war so eine bedauernswerte Person. Ihr blieb nichts erspart. Sie kannte Gunda, an der sie vieles liebte, seit nunmehr zwei Jahren, und während dieser Zeit hatte sie unzählige Male die plötzlichen Wandlungen Gundas miterleben müssen. Simone hatte sich bis zum heutigen Tag nicht daran gewöhnt.

Manchmal schlummerte es wochen- oder sogar monatelang in Gunda, ohne ein einziges Mal auszubrechen. In solchen heiteren, unbeschwerten Zeiten glaubte Gunda selbst, es sei plötzlich weg, einfach ausradiert. Sie dachte: Wozu Worte auf die Goldwaage legen? Warum sich selbst das Leben unnötig schwer machen? Von nun an würde das alles aufhören. Gunda Kleinschmidt, das Leben ist schön! Von nun an würde auch sie so unbekümmert Gelassenheit an den Tag legen wie Simone, wie ihre Kollegen Olaf und Patrick im Büro, wie die Sachbearbeiterin Steffi – wie eigentlich alle Menschen, die sie kannte. Die Menschen um Gunda herum hatten ein lebhaftes und herzliches Wesen. Personen mit einem ihr ähnlichen Naturell hätte Gunda vermutlich nicht ertragen; sie mied sie instinktiv und erkannte ihresgleichen schnell, so als röche sie in geheimnisvollen Ausdünstungen die unheilvolle Seelenverwandtschaft.

Simone indessen betete in diesen seltenen Wochen ohne Vorkommnisse inständig, es möge einfach verschwunden sein, sich in Luft aufgelöst haben.

Doch Simones Gebete wurden nicht erhört. War es eine Weile nicht zutage getreten, dann hatte es nur in Gunda gelauert. Es hatte sich schlafend gestellt und auf eine günstige Gelegenheit gewartet – verschwunden jedoch war es nie.

Gunda fühlte es herannahen, immer schneller. Es hatte bereits Besitz von ihr ergriffen, wie ein Gift, das sich allmählich in ihrem Blutkreislauf verteilte. Es war dieser Satz aus Simones Mund gewesen, dieser eine spezielle Satz, der die Lawine losgetreten hatte: „Beim nächsten Mal bringst du aber bitte deine eigene Regenjacke mit."

Wenn Gunda die ersten Anzeichen in sich spürte, vergleichbar mit aufkommender Übelkeit, bemühte sie sich redlich, alles wieder rückgängig zu machen, möglichst noch, bevor es richtig beginnen und sich danach rettungslos in ihr ausbreiten konnte. Sie bemühte sich, wieder so zu sein, zu werden, zu sprechen und zu schauen wie kurz davor, eine ganz normale Gunda, freundlich, lächelnd und zugewandt, ja, sie bemühte sich wirklich – doch da war es meist schon zu spät. Wenn dieser bestimmte Punkt erst einmal erreicht war, gab es kein Zurück mehr für sie.

Es begann wie immer, auch heute. Gunda fürchtete, ihre Gesichtsmuskeln nicht mehr unter Kontrolle zu haben. Sie konnte ihre Mundwinkel nicht mehr nach oben bewegen und spürte es – alles hing herunter, die Mundwinkel, die Wangen. Ihre Gesichtszüge hingen wie ein nasser, nicht ausgewrungener Spüllappen. Wie bei einer unästhetischen Hunderasse, dachte sie, Bulldoggen, Möpse, Bluthunde, Bassets. Ihre inzwischen verstorbene Tante Annemarie fiel ihr ein. Seit Gunda denken konnte, war Tante Annemarie ein Miesepeter gewesen, und es hatte sich im Laufe der Jahre immer weiter verschlimmert. Tante Annemarie hatte keinen erfreulichen Anblick geboten, Gundas gesamte Kindheit hindurch.

Sah sie jetzt selbst so aus wie eine Bulldogge? Wie Tante Annemarie? Hatte ihre Tante möglicherweise etwas auf sie vererbt? Auf irgendwelchen verschlungenen genetischen Wegen?

Entschlossen zog Gunda die grüne Regenjacke, das Corpus Delicti, aus, um sie an die Garderobe zu hängen.

„Was soll das denn jetzt?", fragte Simone irritiert. „Was hast du? Warum ziehst du die Jacke wieder aus?"

„Weil es nicht regnet", erwiderte Gunda. Sie hängte die grüne Regenjacke über einen Bügel und strich sie sorgfältig glatt, auf so übertrieben behutsame Weise, als wagte sie kaum, sie zu berühren.

„Es wird aber wahrscheinlich regnen", sagte Simone. „Sieh doch mal raus."

„Draußen ist es nur bedeckt." Gundas Stimme drückte Leid aus, tiefes Leid, doch wie meistens schien es Simone nicht aufzufallen. Und auch hier in der Wohnung ziehen dunkle Wolken auf, dachte Gunda, ich bin dagegen machtlos, ich kann nichts tun, um sie zu vertreiben.

„Jetzt zieh schon die Jacke wieder an", sagte Simone ungeduldig. Sie hatten gerade aufbrechen wollen, sich die Schuhe bereits angezogen und eine kleine Tasche gepackt. Gestiefelt und gespornt standen sie vor Simones Wohnungstür im Flur.

Simone sah zu Gunda, bemerkte deren Blick und plötzlich ahnte sie, was auf sie zukam. Es ging wieder los.

„Ich habe doch nur gesagt, dass du beim nächsten Mal deine eigene Regenjacke mitbringen sollst." Simone sprach jetzt sehr sanft. Gunda indessen strich noch immer an der Jacke herum, betont langsam, denn Simone sollte sehen, wie sorgsam und pfleglich sie die Jacke behandelte.

Und Simone war sich jetzt ganz sicher, was sie erwartete. Die Anzeichen waren deutlich. Der Blick. Gundas Blick. Simone kannte ihn inzwischen gut. Sie hatte solch einen Blick noch nie an einem anderen Menschen bemerkt. Zumindest nicht in diesem Ausmaß. Simone sah noch einmal hin: Ja, es bestand kein Zweifel. Der Giftzwerg war da. Der beleidigte Miesepimpel. Einen kurzen Moment erging Simone sich in der naiven Hoffnung, es könnte vielleicht noch abzuwenden sein, mit Vernunft, mit Liebe, mit Zuwendung, vielleicht, wenn sie vermied, es direkt anzusprechen und dadurch nicht heraufbeschwor – und wenn es nicht mehr aufzuhalten war, dann sollte es diesmal wenigstens nicht so lange andauern wie in den allerschlimmsten Fällen. Regelrechte Albträume des Grollens und Schmollens waren das gewesen, die sich über viele Tage oder sogar Wochen erstreckt hatten und in denen mit der grantigen Gunda kein einziges vernünftiges Wort zu reden war.

„Das hier ist meine Lieblingsjacke", erklärte Simone, noch immer in liebevollem und sanftem Ton, denn vielleicht bestand ja noch der Hauch einer Chance, dass es diesmal nicht so enden würde, wie es immer endete. „Du kannst sie dieses Mal doch anziehen, du versaust dir bei dem Wetter sonst dein Jackett. Sei nicht so kindisch." Simone nahm die grüne Regenjacke von der Garderobe und hielt sie Gunda entgegen, als Aufforderung. Doch Gunda verschränkte die Arme vor der Brust und verweigerte die Jacke.

„Gunda", sagte Simone, „nimm jetzt die Jacke."

„Ich glaube, wir streichen diesen Ausflug heute besser", antwortete Gunda mit bitterer Stimme und düsterem Blick. Sie redete ganz leise, und sie sprach es so aus, als sagte sie: Es hat ja doch alles keinen Sinn mehr. Im selben Moment wusste sie, dass sie sich mit dieser Bemerkung keinen Gefallen tat, sondern im Gegenteil ins eigene Fleisch schnitt. Simone und sie hatten zum Zoo fahren wollen. Seit Jahrzehnten war sie in keinem Zoo mehr gewesen, und sie hatte sich auf den Ausflug unbändig gefreut, wie ein kleines Kind.

Gunda wandte sich von Simone ab, um ihr Gesicht zu verbergen. Sie fürchtete, dass ihre Miene ihre Enttäuschung spiegelte. Vor ihrem inneren Auge erschienen die Bulldoggen, Möpse, Bluthunde, Bassets und Tante Annemarie. Bislang war sie immer davon ausgegangen, dass die plötzlichen Veränderungen ihrer Persönlichkeit im Verborgenen schlummerten, dass sie für niemanden sichtbar waren – doch nun geriet sie angesichts der erschreckenden Bilder von Hunden mit herabhängenden Lefzen, von denen der Sabber tropfte, und Fotos von Tante Annemarie aus dem Familienalbum ins Zweifeln, und nicht nur das, sogar in eine gewisse Panik. Tante Annemarie, der alte Griesgram, hatte noch nicht einmal für Fotos gelächelt, so sehr die gesamte Verwandtschaft sich auch bemüht hatte, ihr ein wenig Freundlichkeit zu entlocken. Als Kind hatte Gunda sich vor ihr gefürchtet. Tante Annemarie war ihr wie eine riesige, fette Kröte erschienen, die mit missmutigem Blick und hängenden Schwabbelbacken fleischig und massig auf dem Sofa thronte.

Für andere Menschen wäre es ein Leichtes gewesen, jetzt umzuschwenken, die Jacke anzunehmen, Simone ein reizendes Lächeln zu schenken, vielleicht sogar einen Kuss, und endlich zum Zoo zu fahren wie geplant. Nicht aber für Gunda. Gunda Kleinschmidt war nicht wie andere Menschen. Für sie war das unmöglich.

Simone hielt noch immer die grüne Regenjacke in den Händen und bot sie Gunda dar, ein Angebot der Liebe, der Versöhnung. Simone bat Gunda ein weiteres Mal, die Jacke endlich wieder anzuziehen. Sie bat sie inständig. Sie bettelte. Sie flehte sie an. Sie sprach mit Engelszungen, doch es war zwecklos. Es war, als redete sie auf einen lahmen Gaul ein, auf störrisches Vieh. Gunda war mit ihren Gedanken woanders, das sah Simone, doch sie wusste nicht, in welchem dunklen Loch, welcher tiefen Fallgrube, die wahre Gunda, die freundliche, in solchen Momenten verloren gegangen war. Und wenn sie ehrlich war, dann hatte sie keinen blassen Schimmer, bei welcher Gunda es sich eigentlich um die wahre handelte.

Simone und Gunda wohnten 522 Kilometer voneinander entfernt und sahen sich meist nur am Wochenende. Am Freitag war Gunda von ihrer Arbeit als Versicherungsmathematikerin in Stuttgart direkt zum Bahnhof gefahren. Bei Simone in Hannover angekommen, hatten sie sich zuerst stürmisch im Wohnzimmer auf dem Fußboden geliebt, dann lange miteinander gekocht, das Essen ausgiebig zelebriert, über die zurückliegende Woche geredet und Wein getrunken. Danach hatten sie sich ein zweites Mal geliebt, diesmal etwas ruhiger und im Bett. Alles war gut gewesen.

Alles war gut gewesen, der Beginn eines perfekten Wochenendes. Bis jetzt. Was war geschehen? Warum konnte eine Regenjacke so viel Macht ausüben? Resigniert ließ Simone die Hände sinken, in denen sie die Jacke fest hielt. Sie bestand aus einem besonders modernen, Wasser abweisenden Kunststoff und raschelte aufdringlich in der Stille des Flurs.

Gunda warf Simone einen finsteren Blick zu, öffnete die Wohnungstür und verkündete: „Ich gehe jetzt spazieren."

„Spazieren?", fragte Simone entgeistert. „Du gehst spazieren? Allein?"

Doch Gunda antwortete nicht. Sie verließ die Wohnung und lief im Eilschritt die Treppen hinunter. Simone blieb zurück.

„Und was ist mit dem Zoo?", rief Simone ihr empört in den Hausflur hinterher. Sie erhielt erneut keine Antwort; stattdessen hörte sie unten die Tür ins Schloss fallen.

Ich werde den Teufel tun und dir folgen, dachte Simone. Obwohl Gunda sich vermutlich genau das wünschte. Es gab hier keinen Ort zum Spazierengehen, jedenfalls keinen schönen. Der Stadtteil in Hannover, in dem Simone wohnte, zeichnete sich durch triste Häuserblocks und Wohnsiedlungen aus den fünfziger Jahren aus. Der nächste Park war meilenweit entfernt. Gunda würde ihn mit ihrem schlechten Orientierungssinn noch nicht einmal finden.

Simone zog ihre Schuhe aus, ihre alte, lilafarbene Regenjacke, auf die sie zurückgegriffen hatte, damit Gunda die neue, grüne tragen konnte, warf sie wütend in die nächstbeste Ecke und setzte sich vor den Fernseher.

Unterdessen quälte sich Gunda draußen mit dem Gedanken herum, dass Simone sie augenscheinlich nicht mehr liebte. Nach nur zwei Jahren hatte sich ihre Liebe bereits merklich abgekühlt – oder war sogar gänzlich erloschen. Das Ende der Liebe und Fürsorge, so profan deutete es sich an. Mit einer Regenjacke. Früher war alles anders gewesen. Früher hätte Simone ihr mit großer Freude alles geliehen, was sie besaß. Oder sogar geschenkt. Mit Wehmut erinnerte sich Gunda an die liebende Simone. Früher hätte sie in bitterster Kälte ihren Mantel für Gunda geteilt, bereitwillig und ohne auch nur eine Sekunde zu zögern, selbst dann, wenn es sich um ihren besten und teuersten Mantel gehandelt hätte.

Es hatte zu regnen begonnen, Simone hatte Recht behalten. Gundas Wolljackett würde ihr diesen Spaziergang nicht danken, sondern sehr übel nehmen. Gunda gab Simone die Schuld.

Sie machte sich nicht unnötig das Leben schwer, wie Simone ihr manchmal vorwarf. Gundas Leben war schwer. Im Gegensatz zu gewöhnlichen Menschen verfügte sie über besonders feine Antennen, die Zurückweisungen registrierten, auch jede noch so kleine und scheinbar unbedeutende. Nur so war es ihr möglich, die schleichenden Veränderungen in Simones Verhalten wahrzunehmen. Von Natur aus war Gunda dazu in der Lage, feinste Zwischentöne herauszufiltern, wie manche Tiere besonders hohe Frequenzen zu hören vermögen, die dem Menschen verschlossen bleiben. Unter dieser einzigartigen Fähigkeit litt Gunda selbst am meisten. Wie oft schon hatte sie sich gewünscht, so roh und abgestumpft zu sein wie ihre Mitmenschen.

Wenn sie von ihrem freudlosen Spaziergang zurückkehrte, würde sie Simone keines Blickes würdigen, da sie nun wusste, wie der Hase lief, nach Möglichkeit auch nicht mit ihr sprechen, sondern wortlos ihre Tasche packen, die sie erst gestern Abend bei ihrer Ankunft ausgepackt hatte, sich zum Hauptbahnhof in Hannover begeben und noch heute zurück nach Stuttgart reisen. Am Montag hatte sie einen Gleittag, es war ein Jammer, sie hätten so viel Zeit miteinander verbringen können, aber es ging nicht anders. Simones gedankenlose Regenjacken-Bemerkung, die die Wahrheit endlich offen legte, hatte die schöne Stimmung des Wochenendes zerstört. Es gab kein Zurück mehr. Die Weichen waren gestellt.

Zu Hause schwankte Simone zwischen Sorge und Ärger. Unruhig sah sie auf die Uhr. Das Fernsehprogramm ließ sie kalt, denn ihre Gedanken kreisten um Gunda. Sie war nun seit einer Dreiviertelstunde unterwegs. Auch nach zwei Jahren kannte sie sich noch immer nicht in Hannover, Simones Heimatstadt, aus; sie war ohne Handy, Geld, Schlüssel, Regenjacke aufgebrochen, denn all das befand sich noch in der gepackten Tasche im Flur. Gunda war bei diesem Wetter ohne Regenjacke davongeeilt, im Zorn. Simone schloss die Möglichkeit nicht aus, dass sie sich verlaufen könnte.

Wie oft schon hatte Gunda mit ihren Launen das Klima vergiftet, und Simone hatte nie verstanden, wieso. Zumeist lag es an einem vermeintlich falschen Wort aus Simones Mund, das hatte sie als Gesetzmäßigkeit erkannt, und dieses falsche Wort führte dann in rasendem Tempo zum plötzlichen Stimmungsumschwung. Es passt zu Gundas Beruf, dachte Simone. Vielleicht konnte Gunda, die als Versicherungsmathematikerin tagaus, tagein Zahlen kontrollierte und prüfte, immer wieder Zahlen, nicht anders, als jedem einzelnen Wort allergrößte Bedeutung beizumessen, eine Buchhalterin der gesprochenen Worte, vielleicht musste sie jeden Satz und jedes Wort und jeden Tonfall zerpflücken, auf der Suche nach der tieferen Bedeutung, die es jedoch gar nicht gab. Zahlen waren die Kameraden ihres Alltags, und bei einer Zahl war Gunda auch noch die achte Stelle hinter dem Komma von eminenter Wichtigkeit.

Gunda war ihr in solchen Momenten vollkommen rätselhaft und fremd. Ein Mysterium. Simone blieb hilflos in all ihren Bemühungen, sie wieder freundlich zu stimmen – mehr noch, diese Bemühungen schienen sie nur weiter anzustacheln und tiefer in ihre abgeschottete Welt der Übellaunigkeit zu treiben. So ging es nicht weiter, achte Stelle hinter dem Komma hin oder her.

Simone ahnte nicht, dass alles schon vor langer Zeit begonnen hatte, vor über dreißig Jahren, und dass der Auslöser kein falsches Wort, sondern ein Honigbrot war. Es war ein Samstag gewesen, wie heute. Samstage, obwohl sie doch Erholung und Freizeit nach einer anstrengenden Woche markierten, stellten für Gunda Kleinschmidt besonders gefährdete Tage dar. Ihre persönlichen Unglückstage.

An diesem unheilvollen Samstag vor über dreißig Jahren war Gunda noch sehr klein gewesen. Es war in den sechziger Jahren geschehen, vor ihrer Einschulung. Damals musste alles begonnen haben, all das, womit sie für den Rest ihres Lebens sich herumzuplagen verdammt war, und nicht nur sie, sondern vor allem ihre Mitmenschen.

Noch über dreißig Jahre später konnte Gunda sich genau daran erinnern, dass es ein Samstag gewesen war, ein unheilvoller Wochentag. Gunda wurde an einem Samstag geboren, und Samstage schienen dazu bestimmt, emotional hochsensible und kritische Tage zu sein. Vermutlich würde sie auch an einem Samstag sterben.

Gundas Familie frühstückte an diesem Samstag gemeinsam. Auch Gundas Großmutter saß mit am Tisch, sie war über das Wochenende in den Schoß der Familie eingeladen. Da die Wohnung der Kleinschmidts nur aus vier Zimmern bestand und Gundas älterer Bruder Guido nicht im Traum daran dachte, seines abzugeben, schlief die Großmutter in Gundas Zimmer auf einem

Klappbett, allabendlich eine Tortur für die kleine Gunda, die sich vor ihr ekelte.

Beim Frühstück war es Familienbrauch, ein Ritual der Kleinschmidts, dass Gundas Mutter allen Familienmitgliedern reihum ein Brot schmierte und vorher nach dem gewünschten Belag fragte. Gunda als Nesthäkchen kam gewöhnlich als Erste an die Reihe. Bei ihrem Vater und Bruder hätte sich die Frage nach dem Belag eigentlich erübrigt, da beide fast jeden Morgen das Gleiche wünschten, nämlich grobe Leberwurst oder Plockwurst, die in Gundas Familie allerdings jahrzehntelang „Blockwurst" hieß.

Auch an diesem Samstag wartete Gunda heißhungrig auf die Frage der Mutter. Voller Vorfreude malte sie sich das leckere Honigbrot aus, „mit Honig! Honig!", das Wort lag ihr auf der Zunge, sie spürte bereits, wie es kleben würde, der Speichel floss emsig im kleinen Gundamund, der Kakao war schon eingegossen und verströmte dampfende, verheißungsvolle Wölkchen – doch die Mutter fragte sie nicht. Die Mutter hatte sie übergangen und dann schließlich einfach vergessen.

Vergessen! Von der Mutter vergessen! Die fünfjährige Gunda, die normalerweise als Erste nach ihrem Wunschbrot gefragt wurde, blickte anfangs ungläubig und dann schließlich verzweifelt in die Runde am Küchentisch; ihre Familienmitglieder aßen und tranken schlürfend, und niemand schenkte ihr Beachtung. Sogar der Großmutter war ein Brot geschmiert worden, mit widerlicher, rotbrauner Teewurst. Sie aß es schmatzend und lamentierte dabei über die Frauen aus ihrem Bibelkreis, während Gunda ohne Brot dasaß und darbte. Auch die Mutter kaute gedankenverloren an ihrem Frühstück, kein Zweifel, sie hatte Gunda vergessen. Alle hatten sie vergessen. Die Mutter bevorzugte alle anderen, sogar die garstige Großmutter zog sie ihrer eigenen Tochter vor. Gunda hätte tot sein können. Es wäre niemandem aufgefallen.

Bis zu diesem Zeitpunkt hatte Gunda angenommen, in ihrer Familie uneingeschränkt das Wichtigste zu sein, ein kleines Prinzesschen, doch nun musste sie erkennen, dass sie die ganze Zeit in einem schrecklichen Irrtum gelebt hatte. Gunda bekam noch nicht einmal etwas zu essen, ein menschliches Grundrecht, auf das sogar Gefangene, Großmütter in Altenheimen und Kinder in Waisenhäusern Anspruch hatten, davon hatte sie gehört, und das nur ihr verwehrt wurde. Sie stand auf einer Stufe mit den armen Kindern in Afrika, von denen hatte sie auch schon gehört. Sie war ein Biafra-Kind!

Natürlich hätte sie sich einfach zu Wort melden und auf das Versäumnis aufmerksam machen können. Sie hoffte flehentlich, dass es sich nur um ein Versäumnis, eine schreckliche Unachtsamkeit, handelte. Doch andererseits, wenn es nun schlimmer war, viel schlimmer, wenn es mit Absicht geschah, wenn sie von nun an niemals wieder etwas zu essen bekäme?

Aus einem geheimnisvollen Grund, den sie selbst nicht begriff – denn in ihrem Magen rumorte es vor Hunger, unentwegt schrie ihr Magen: Honigbrot! –, wollte die fünfjährige Gunda nicht auf das erlittene Unrecht aufmerksam machen. Viel besser gefiel sie sich in der Rolle der Vergessenen und Verstoßenen. Und gleichzeitig hätte sie am liebsten bittere Tränen geweint. Doch es floss keine einzige. Sie blieb tapfer. Alle um sie herum saßen unbekümmert am Tisch, die ganze Familie Kleinschmidt, und aßen versonnen die Brote ihrer Wahl. Niemand beachtete sie. Es war so, als wäre sie gar nicht vorhanden. Sie hätte auch tot sein können. Oder in Biafra.

Aus Trotz und Verzweiflung ließ Gunda ihren Kakao unangetastet. Er erkaltete vor ihren Augen, sie konnte bei diesem Vorgang regelrecht zusehen –, bis er schließlich eine Ekel erregende Haut auf der Oberfläche bildete. Grimmig blickte Gunda abwechselnd auf ihren leeren Frühstücksteller, auf dem sich noch nicht einmal eine armselige Brotkrume befand, und auf die Familie. Mürrisch pikste sie mit dem Finger in die Haut des Kakaos, aber ohne sie zu verletzen und zur Flüssigkeit vorzudringen. Ich bin vergessen, alle haben mich vergessen, hämmerte es in ihrem Kopf. Mama hat mich vergessen. Und ja, auf seltsame, unerklärliche Weise genoss sie diesen Gedanken.

Ich habe Hunger, grollte ihr Magen, Honigbrot!

Ich halte durch, dachte Gunda.

„Du lieber Gott!", brach es dann plötzlich aus der Mutter heraus. „Gunda! Gunda, mein kleines Spätzchen! Du hast ja noch gar nichts zu essen!"

Zu spät, dachte Gunda. Viel zu spät! Wütend und gekränkt zerstach sie die Haut, die oben auf dem Kakao schwamm, und schwieg.

Die Mutter stand auf und wischte ihre fettigen Wurstbrotfinger an der Kittelschürze ab. Sie hatte noch einen Bissen im Mund und trat kauend an ihre Tochter heran, die mittlerweile die Arme vor der Brust verschränkt hielt und jede Berührung verweigerte.

„Kleines Spätzchen, ich schmiere dir jetzt sofort ein Brot. Was willst du drauf haben? Schinken?"

„Ich habe keinen Hunger", behauptete Gunda mit finsterer Miene. Das hätte dir früher einfallen sollen, dachte sie, bevor du Oma ein Brot mit Stinkewurst geschmiert hast. Jetzt ist es zu spät. Du hast mich verraten!

Sie fragte sich, ob sie es wohl ganz ohne Nahrung bis zum Mittagessen aushielte. Das Mittagessen schien in unerreichbarer Ferne zu liegen. Und wenn nicht, wenn sie vorher entkräftet zusammenbrechen würde, dann hätte ihre Familie das verdient. Sollte die Mutter doch die unvermeidlichen Folgen zu spüren bekommen, die es nach sich zog, wenn sie herzlos und böswillig ihre kleine Tochter vergaß.

Von diesem Tag an versank Gunda regelmäßig in tiefen Abgründen der Übellaunigkeit. Ihrer Familie war sie dann unheimlich, da sie sich nicht wie ein normales Kind benahm. Sie sprach in diesen Momenten nicht, mit niemandem, oder sie sprach nur das Nötigste. Sie weinte und schrie nicht, sie legte sich nicht auf den Boden und strampelte mit den Beinen, wie man es von einem Kind eher erwartete – sie schwieg. Dabei zog sie ein Gesicht, als wäre ihr das größte Unrecht dieser Welt widerfahren. Niemand wagte die beleidigte kleine Tyrannin anzusprechen.

Viele hielten Gunda damals für ein sehr ernsthaftes, stilles und verschlossenes Kind. Mit ernsten, braunen Augen sah sie in die

Welt und brachte mit diesem Blick manchen Erwachsenen dazu, sich insgeheim vor ihr zu fürchten. Anderen Kindern verdarb sie mit ihrer griesgrämigen Sprachlosigkeit jegliche Freude.

Wie soll das erst werden, wenn sie zur Schule geht?, fragte sich Gundas Mutter damals manchmal besorgt. Gunda wird nie Freunde haben. Der Mutter wurde bei solchen Gedanken angst und bange, da sie um das Wohl ihrer Brut fürchtete. Nie wird sie Anschluss an andere Menschen finden, dachte die Mutter, mit diesem beleidigten Gesicht. Auch Tante Annemarie hat keinen Mann abgekriegt und ist ein spätes Mädchen geblieben.

Nach über einer Stunde kehrte Gunda zurück. An ihrem Körper klebte ihr durchnässtes Jackett. Natürlich gab sie Simone die Schuld daran, wem sonst, dass das teure Wolljackett nun vermutlich ruiniert war, sprach es aber nicht aus. Wortlos ging sie an Simone vorbei in die Wohnung.

Simone öffnete den Mund, um etwas Freundliches zu sagen, in der Art von: Da bist du ja endlich wieder – schloss ihn jedoch schnell, als sie Gundas Blick bemerkte. Das kann ja heiter werden, dachte sie. Gundas Stimmung schien sich seit ihrem Fortgehen noch weiter verdüstert zu haben, eine große Heerschar von Läusen, eine ganze Armee, seitdem über ihre Leber marschiert zu sein. Simone stellte sich auf anstrengende Stunden ein, die ihr bevorstanden.

Gunda eilte an Simone vorbei zu ihrer Reisetasche und stopfte hastig herumliegende Kleidungsstücke hinein. Dann ging sie ebenso schnellen Schritts zum Badezimmer, gefolgt von Simone, griff dort nach ihrem geblümten Kulturbeutel, dessen sie sich plötzlich schämte, das Geschenk einer Ex-Freundin, und vergaß auch nicht, ihre getragene Unterhose, die auf einem Hocker lag, an sich zu nehmen. Wenn sie aus dieser Wohnung verschwand, dann gründlich. Wenn sie jetzt überstürzt nach Hause fuhr, viel früher als geplant, dann wollte sie nichts bei Simone zurücklassen – erst recht keine getragene Unterhose, die einer geruchsintensiven

Leihgabe der Liebe gleichgekommen wäre und an unkomplizierte Stunden der Lüsternheit aus längst vergangenen Zeiten erinnerte.

„Gunda, was soll das?", fragte Simone endlich. „Was tust du?"

„Das siehst du doch", quetschte Gunda giftig zwischen den Zähnen hervor. „Ich fahre nach Hause." Sie warf ihren Kulturbeutel in die Reisetasche und zog entschlossen den Reißverschluss zu. Fertig. Jetzt konnte sie gehen.

„Nach Hause? Was hast du? Was ist mit dir? Wir wollten doch das Wochenende zusammen verbringen! Wir wollten in den Zoo! Spinnst du?"

Gunda sah Simone nicht an. „Ich spinne keineswegs", sagte sie. „Aber ich weiß jetzt Bescheid."

„Bescheid? Worüber?"

„Über uns. Oder besser, über dich."

Gunda ist eine Quartalsbeleidigte, dachte Simone. Ob es ein solches Krankheitsbild gab? Sie, Simone, bekam als nahe stehende Person all diese Launen hautnah mit. Das war ungerecht. Sie hätte wetten können, dass Gunda sich bei ihren Arbeitskollegen, Bekannten und Freunden zusammenriss und geradezu vorbildlich benahm, dass sie bei ihnen noch nicht einmal jene kleinen Verstimmtheiten an den Tag legte, die sie selbst längst als unbedenklich und harmlos einzustufen gewöhnt war.

„Es ist wegen der Jacke, nicht wahr?", fragte Simone verständnisvoll und trat einen Schritt auf Gunda zu, die sofort zurückwich. „Es ist wegen der grünen Regenjacke, oder? Meingott, du hättest sie doch anziehen können. Du hättest sie anziehen sollen. Sieh dir mal dein Jackett an."

„Natürlich habe ich mich nicht wegen einer albernen Regenjacke dazu entschlossen, nach Hause zu fahren", sagte Gunda, und es klang beinahe feierlich. „Wegen einer Jacke, und dann auch noch einer grünen. Was denkst du eigentlich von mir? Die Jacke ist nicht wichtig. Wichtig ist das, was hinter der Jacke steht."

„Hinter der Jacke?"

„Deine Einstellung zu mir", antwortete Gunda knapp. Eine ausführlichere Erklärung gab sie Simone nicht, sondern bevorzugte stattdessen wieder das Schweigen. Sie betrat Simones Balkon, um dort eine Zigarette zu rauchen. Noch eine letzte Zigarette, bevor sie dann endgültig zum Bahnhof fuhr.

Inzwischen war zusätzlich zum Regen starker Wind aufgekommen, der einen Blumentopf auf dem Balkon umwarf. Gunda richtete ihn wieder auf und kam sich dabei, in all ihrem Schmerz, sehr gütig vor. Binnen Sekunden hatte sich der Himmel verdunkelt, als wäre er plötzlich schlechter Laune. Es war so ein Wetter, bei dem man keinen Hund vor die Tür jagte, auch keine schmollende Gunda.

Doch genau das wollte Simone jetzt tun. Es juckte ihr in den Fingern. Vor Vorfreude hätte sie am liebsten aufgejauchzt. Ohne weiter über mögliche Konsequenzen nachzudenken, nahm sie die günstige Gelegenheit wahr und warf die Balkontür von innen mit lautem Krachen zu.

Gunda hatte die Tür im Rücken und bemerkte nicht sofort, was geschehen war. Gerade hatte sie verzweifelt über die Balkonbrüstung geblickt und sich sehr Leid getan. Ich muss nach Hause, hatte sie gedacht, zurück nach Stuttgart, sofort. Simones Lieblosigkeit und ihre Zurückweisungen treiben mich fort.

Dann hörte sie direkt hinter sich das Knallen der Tür und anschließend das knarzende Geräusch, mit dem sie verriegelt wurde. Dieses an sich alltägliche Geräusch, das sie wegen seiner Normalität nie bewusst wahrnahm, klang in dieser Situation unnatürlich laut und hässlich.

Gunda war ausgesperrt. Im ersten Moment hielt sie es nicht für möglich, dass Simone zu so etwas fähig wäre. Doch dann musste sie dem Ernst der Lage ins Auge blicken. Der Balkon war nicht überdacht, und so stand sie erneut im Regen. Sie würde sich in ihrem nassen, ruinierten Jackett den Tod holen, zumindest eine schwere Lungenentzündung, das hätte Simone dann davon. Allmählich war die Nässe auch in ihre Schuhe gesickert und verursachte dort, wenn sie sich bewegte, einen quatschigen Ton, als liefe sie durch einen Sumpf. Der Weg in die Freiheit führte durch die verschlossene Balkontür, es gab keinen anderen, da sich Simones Wohnung im dritten Stock befand. Zornig wollte Gunda ihre Fäuste gegen die Tür schmettern, hatte sie schon erhoben – doch ließ sie dann mutlos wieder sinken. Die Scham angesichts dieser entwürdigenden Behandlung, dieser Demütigung, trieb Tränen über ihre Wangen, die sich mit dem Regen vermischten. Das war sehr ungewöhnlich, denn Gunda weinte und schrie niemals. Normalerweise waren ihr andere Mittel und Ausdrucksformen gegeben.

Vielleicht kommt sie da draußen ja zur Vernunft, wenn ich sie nur lange genug schmoren lasse, dachte Simone. Liebe und Verständnis halfen nicht, also mussten andere Saiten aufgezogen werden.

Simone entfernte sich so weit wie möglich von der Balkontür, nachdem sie noch schnell die an ihr befestigte Jalousie heruntergelassen hatte, und ging in den anderen Teil der Wohnung, um das zarte, schüchterne Klopfen, das bald darauf einsetzte, nicht hören zu müssen.

Am Dienstagmorgen saß Gunda Kleinschmidt pünktlich in Stuttgart im Büro. Noch leicht verschlafen drehte sie den Kopf und sah zu Olafs Schreibtisch. Olaf war von seinem Computer-Bildschirm gefesselt und bemerkte ihren Blick nicht. Kein Zweifel – er trank aus ihrer Kaffeetasse. Er war einige Minuten vor ihr im Büro gewesen und hatte die Zeit dazu genutzt, sich von den vielen Tassen, die zur Verfügung standen, ausgerechnet Gundas auszuwählen. Gunda hasste es, wenn jemand ihre Tasse benutzte, doch meistens ließ sie sich solche Gefühle nicht anmerken, sondern schwieg, so auch jetzt. Sie hatte sich diese Tasse einst gekauft, um der allgemein verbreiteten Hässlichkeit von Bürotassen etwas entgegenzusetzen. In der Versicherung, in der sie arbeitete, spülte die Putzfrau die Tassen nach Büroschluss ab und stellte sie in ein Regal, das in der Kaffeeküche stand. Diese Vorgehensweise missfiel Gunda. Oft genug war ihre schöne Tasse Opfer der Kollegen geworden, und jedes Mal taten Gunda die braunen Schlabberspuren am Rand weh.

Ihr anderer Kollege Patrick erschien, wie immer zu spät, und begrüßte Gunda nur flüchtig. Patrick war auch schon mal freundlicher, dachte Gunda und fragte sich, ob es einen Grund dafür gab, dass er sie nicht ansah, sondern sofort einige Worte mit Olaf zu wechseln begann, und zwar so leise, dass sie es nicht verstand. Gunda Kleinschmidt besaß diese besonders feinen Antennen, die sie dazu befähigten, jede kleinste negative Schwingung wahrzunehmen, auch wenn sie noch so schwach ausgeprägt oder dünn konzentriert wie ein homöopathisches Mittel war. Gunda witterte sie. In letzter Zeit steckten Olaf und Patrick auffallend oft die Köpfe zusammen und amüsierten sich über irgendetwas. Jedes Mal, wenn Gunda das gemeinsame Büro betrat, hörten sie sofort damit auf und wurden wieder ernst.

Doch Gunda erschien es an diesem herrlichen Dienstagmorgen nicht ratsam, sich ihre heitere Laune durch Arbeitskollegen verderben zu lassen. Sie rettete die gute Stimmung des zurückliegenden Wochenendes hinüber ins Büro. Simone würde sie im Laufe des Tages anrufen, und ihre zärtliche, liebende Stimme zu hören, hier im Alltag, am Arbeitsplatz, würde ihr gut tun und sie gegen jede schlechte Schwingung wappnen.

Im Nachhinein erschien Gunda das ganze Theater um die grüne Regenjacke albern. Aber das war oft so, rückblickend wirkten viele Dinge, die ihr Anlass zur Verzweiflung gegeben hatten, plötzlich harmlos. Simone und sie hatten sich noch am Samstag versöhnt. Irgendwann, als es fester zu regnen begonnen hatte, hatte Gunda schließlich doch gegen die Balkontür gehämmert, sogar kurz mit dem Gedanken gespielt, die Tür einzutreten und Simone später gönnerhaft das Geld für den Glaser zu überweisen, aber dazu war es nicht gekommen. Simone allerdings hatte sich Zeit mit der Befreiung gelassen – genüsslich, wie Gunda vermutete.

Der unfreiwillige Aufenthalt auf dem Balkon hatte Gunda – gegen ihren Willen – zermürbt und weich gekocht, danach war sie, zu Simones Verblüffung, sanft wie ein Lamm. Simone hatte sich durch die Aussperrung zweifellos ins Unrecht gesetzt, doch Gunda Kleinschmidt war großmütig und konnte vergeben. An diesem Samstag erinnerten sich ihre Gesichtsmuskeln plötzlich daran, wie ein Lächeln zu bewerkstelligen war. Es ging überraschend einfach und fiel ihr leichter, als sie gedacht hatte. Und nicht nur das, es erschien ihr sogar weniger anstrengend als ein durchschnittliches Stirnrunzeln, wenngleich Letzteres ihr nach über dreißig Jahren Übung in Fleisch und Blut übergegangen war.

Sie hatten sich sofort versöhnt, ohne Verzögerungen. Das war nicht immer der Fall. Gunda besaß die Fähigkeit und das notwendige Durchhaltevermögen, ganze, lange Tage zu grollen, was sie gewöhnlich auch tat. Und sie tat es geschickt. Sie ließ sich nichts zuschulden kommen, niemals. Sie achtete stets darauf, die goldenen Regeln der Höflichkeit einzuhalten, damit Simone ihr später nichts vorwerfen konnte. Gunda sicherte sich ab. Sie verhielt sich nach außen hin korrekt und untadelig. So fragte sie zum Beispiel, ob Simone auch einen Tee wolle, wenn sie sich selbst einen holte. Wurde sie etwas gefragt, antwortete sie, zwar nur kurz und knapp, aber sie antwortete. Niemand sollte ihr nachsagen können, sie sei eine unfreundliche Person.

„Guten Morgen, Gunda!“ Steffi schaute ins Büro und schreckte Gunda aus ihren Gedanken. Steffi war Sachbearbeiterin in der Schadensabteilung. Gunda und sie trafen sich gelegentlich abends nach der Arbeit.

„Hattest du ein schönes Wochenende?“

Bei dieser Frage dachte Gunda im ersten Moment an die vermaledeite Regenjacke und den Balkon – und dann dachte sie an die Leichtigkeit des Lächelns und ihre innere Heiterkeit. Sie bejahte.

„Von meinem kann ich das nicht gerade behaupten“, sagte Steffi. „Ich hatte doch ein Date mit der Kontaktanzeige. Das war ein Reinfall. So ein schlecht gelaunter Typ. Ein richtiger Miesepeter, wie mein Onkel Eduard. Man will doch auch Spaß haben, oder?“

Spaß haben. Miesepeter. Tante Annemarie. Simones Stimme klang in Gundas Ohr: „Warst du eigentlich schon immer so? So schlecht gelaunt?“ Wie oft hatte sie das schon gesagt. „Du müsstest dein Gesicht mal im Spiegel sehen, alter Miesepimpel!" Gunda hatte keine Ahnung, ob es sich hierbei um eine eigene Wortschöpfung Simones handelte. Simone geizte nicht mit ihren Beschreibungen: Grantelmaus, Sensibelchen, Mimöschen, zartes Seelchen, Schmoll-Lieschen, Sauertopf.

„Außerdem sind schlecht gelaunte Männer auch schlecht im Bett", behauptete Steffi.

Gunda erschrak. Galt das auch für Frauen? Doch sofort wies sie solche lächerlichen Vergleiche weit von sich – sie war nicht chronisch schlecht gelaunt, auch das erwähnte Simone häufig, sie war nur hin und wieder sehr empfindsam. Das betrachtete sie eher als eine Zier. Und leider auch als eine schwere Bürde.

Der Vormittag verflog rasch mit allerlei Risikorechnungen, Gundas Spezialgebiet. Sie verglich dabei die zu erwartenden Versicherungsbeiträge mit möglichen Schadensfällen, um zu prüfen, ob sich eine neue Versicherungsform rentierte. Mit Zahlen jeder Art und mit der Genauigkeit stand Gunda auf Du und Du. Sie schenkte auch noch der achten Stelle hinter dem Komma größte Aufmerksamkeit und ihre uneingeschränkte Liebe und Fürsorge.

Im Laufe des Vormittags hatte Gunda sich sogar an den abscheulichen Anblick der Kaffeetasse auf ihrem Schreibtisch gewöhnt. Es war die mit Abstand hässlichste Tasse der ganzen Etage. Sie war mit dampfenden, braunen Kaffeebohnen und dem überflüssigen Wort „Kaffeepott", in schnörkeliger Schreibschrift gehalten, verziert. An manchen Tagen hätte diese Tasse ausgereicht, um Gunda verdrießlich zu stimmen. Doch heute machte sie sich nichts daraus. Bald würde Simone anrufen.

Kurz vor der Mittagspause entdeckte Gunda ganz zufällig, dass sich am Montag, ihrem Gleittag, den sie bei Simone in Hannover. verbracht hatte, Olaf und Patrick in den Urlaubsplan eingetragen hatten. Sie hatten es bis jetzt mit keiner Silbe erwähnt und saßen mit unschuldigen Mienen an ihren Schreibtischen. Es musste am Montag geschehen sein. Um das zu erkennen, bedurfte es keiner kriminalistischen Fähigkeiten. Am vergangenen Freitag war dieser

Plan noch jungfräulich gewesen, leer, ohne Olafs oder Patricks Handschrift. Gunda hatte vor ihrer Abreise zu Simone einen Blick darauf geworfen. Sie schloss daraus, dass ihre Kollegen sich untereinander abgesprochen hatten – ohne sie zu fragen oder sie zu informieren.

Nach ihrer Entdeckung, die sie unvorbereitet und wie ein Giftpfeil traf, dessen toxische Wirkung sich unaufhaltsam gleichmäßig in ihrem Blutkreislauf verteilte, kehrte Gunda an ihren Schreibtisch zurück. Sie erwähnte den Urlaubsplan nicht. Schweigen. Sie würde schweigen. Als Patrick sie fragte, ob sie mit zum Essen käme, verneinte sie mit den Worten: „Keine Zeit, ich arbeite lieber durch." Du musst gar nicht so scheinheilig freundlich tun, dachte sie. Sie sah Patrick nicht an.

Es war gelogen, denn so viel Arbeit gab es nicht, und außerdem hatte Gunda inzwischen großen Hunger. Doch sie verzichtete auf ihre Pause. Aus dem Automaten im Erdgeschoss zog sie sich einen krümeligen Schokoriegel, in dem eine faule Nuss steckte, und während der Abwesenheit ihrer Kollegen studierte sie noch einmal den Urlaubsplan. Es bestand kein Zweifel. Ihre Kollegen hatten sie übergangen und vergessen. Auch Monika aus der Entwicklungsabteilung hatte sich bereits eingetragen. Als Olaf und Patrick aus der Pause zurückkehrten, ließ Gunda sich nichts anmerken und tat sehr beschäftigt. Sie redete den ganzen Nachmittag mit niemandem oder, wenn es nicht zu vermeiden war, nur das Allernötigste, und sie schaute auch nicht, wie sonst üblich, bei Monika auf einen Kaffee vorbei.

Simone rief an diesem Dienstag nicht im Büro an, obwohl sie es versprochen hatte. Gunda wartete den ganzen Tag vergeblich. Die Möglichkeit, ihrerseits Simone anzurufen, bestand für sie nicht, das war ganz und gar abwegig. Es wäre nicht dasselbe gewesen.

Mit ihrem Scharfblick registrierte sie am Nachmittag, dass Olaf sich den letzten Schluck Kaffee eingoss – in ihre Tasse –, ohne neuen zu kochen. Er beherrschte die goldenen Regeln der Höflichkeit nicht.

Gunda blieb, bis ihre Kollegen das Büro verlassen hatten. Sie hatte sich weder von Olaf, noch von Patrick verabschiedet, sondern stattdessen nur einen undeutlichen, grummeligen Laut ausgestoßen, begleitet von der Andeutung eines Kopfnickens. Bevor sie dann selbst ging und bevor die Putzfrau auftauchte, nahm sie die Tasse von Olafs Tisch, spülte sie ab und legte sie in ihre Schreibtischschublade.

„Alle Tiere haben braune Augen!" Gunda Kleinschmidt fühlte sich ihrer Einzigartigkeit beraubt. „Simone! Sieh doch nur! Alle Tiere haben braune Augen wie ich!"

Und es stimmte, sie hatte Recht – viele Tiere hatten braune Augen wie Gunda: Affen, Nilpferde, Büffel, Nashorn-Leguane, Lamas, Kängurus, Watussi-Rinder.

„Mach dir nichts draus", tröstete Simone und nahm Gunda bei der Hand. „Viele von ihnen haben zwar braune Augen wie du, aber ich bezweifle, dass ein Watussi-Rind auch so gucken kann wie du."

Gunda verzichtete darauf, Simone zu fragen, was diese Bemerkung bedeutete. Als Kind hatte sie die vielen braunen Augenpaare der Tiere schön gefunden, schön und ergreifend. Als Kind hatte sie einmal lange Zeit vor dem Löwenkäfig gestanden und sich vor seinen stechenden, grüngelben Augen, die sich so deutlich von ihren unterschieden, gefürchtet.

Es musste Jahrzehnte zurückliegen, dass Gunda das letzte Mal einen Zoo besucht hatte. Ohne eigene Kinder lagen andere Freizeitbeschäftigungen näher, und aus Mandy Kleinschmidt, Gundas Nichte, war vor einem Jahr ein Scheidungskind geworden, so dass Gunda sie nur noch selten zu Gesicht bekam.

An diesem Samstag schien die Sonne an einem wolkenlosen, strahlend blauen Himmel, so dass sich glücklicherweise nicht die Notwendigkeit ergab, eine Regenjacke tragen zu müssen. Über die grüne Regenjacke hatten Gunda und Simone seit den Vorkommnissen des letzten Wochenendes kein einziges Wort mehr verloren.

Und obwohl der heutige Tag ein Samstag war, verhieß er nur das Beste und versprach, kein emotional sensibler und kritischer Tag zu werden. Simone hatte bis zu diesem Zeitpunkt noch nichts eklatant Falsches gesagt. Alles war gut.

Vergangene Woche im Büro hatte Gunda auch nahezu den gesamten Mittwoch nicht mit ihren Kollegen geredet, bis Patrick sie schließlich vorsichtig auf ihr Schweigen angesprochen hatte. Gunda erwähnte die Entdeckung des Urlaubsplans und tat dabei so, als wäre es ihr vollkommen gleichgültig. Patrick versicherte, dass Gunda nicht ausgeschlossen werden solle und dass es sich nur um einen vorläufigen Plan handele, und Gunda hatte sich beruhigt. Für ihre Verhältnisse lenkte sie schnell ein, viel schneller als nach einem Streit mit Simone. Bald darauf trank sie auch wieder Kaffee mit Monika aus der Entwicklungsabteilung und ging mittags wie gewohnt mit Olaf und Patrick essen.

Bei Simone hingegen zeigte sich Gunda oft bemerkenswert ausdauernd und zäh. Sie liebte die Gründlichkeit, und auch das Schmollen konnte sorgfältig, gründlich und mit langem Atem verrichtet werden. Wenn Simone sie verletzt hatte, mit einem falschen Wort oder einer unbedachten Bemerkung, konnte Gunda danach stundenlang schweigend auf den Fernseher starren. Sie beachtete Simone dann nicht, sah sie nicht an und drehte den Kopf zur Seite, wenn Simone sie küssen wollte. Doch auch hierbei vergaß Gunda nicht, die Höflichkeitsregeln einzuhalten: Sie ließ Simone das Fernsehprogramm bestimmen. Sie sagte dann gönnerhaft: „Such dir aus, was du willst. Mir ist es egal." Manchmal war Gunda eingeschnappt, weil die undeutliche, leise Ahnung in ihr aufstieg, Simone könne mit einer beleidigenden Bemerkung möglicherweise Recht haben. Weitaus häufiger jedoch fühlte Gunda sich unverstanden und allein. Nahezu jeder Anlass konnte dafür als Auslöser dienen. Gunda tat es nicht mit Absicht, vielmehr geschah es wie von selbst. Sie war machtlos.

An diesem glücklicherweise emotional stabilen Samstag genoss Gunda den Zoobesuch. Die Zoos hatten sich seit ihrer Kindheit verändert. Die Käfige erschienen Gunda größer, das Ambiente wirkte wie eine liebevoll gestaltete Filmkulisse für *Daktari*, die Tiere schienen zwar nicht direkt glücklich zu sein, aber doch merklich weniger depressiv als damals.

Sie alle – Kängurus, Lamas, Büffel, Nilpferde, Giraffen – hatten treue, braune Augen wie Gunda. Bulldoggen, Möpse, Bluthunde und Bassets, Hunde im Allgemeinen, sowieso. Aber kein einziges Exemplar dieser Hunderassen war in Sicht.

„Komm, lass uns zum Raubtierhaus gehen", sagte Gunda. Nach den vielen braunen Augen sehnte sie sich nach den grüngelben des Löwen. In ihrer Kindheit hatten diese Augen ihr Weltbild ins Wanken gebracht und für eine gewisse Zeit dafür gesorgt, dass sie dem Schmollen entsagte.

Bei einem Zoobesuch in ihrer Kindheit, als Gunda die Bekanntschaft mit dem Löwen gemacht hatte, war sie ihren Eltern abhanden gekommen, die sofort in Panik gerieten, als sie den Verlust bemerkten.

Der Zoo erstreckte sich über eine weite Fläche, und in ihm existierte damals keine Lautsprecheranlage wie im Kaufhaus, über die eine sanfte, weibliche Stimme hätte verkünden können: „Die sechsjährige Gunda hat ihre Mama verloren. Sie trägt einen roten Mantel und wartet im Giraffenhaus."

Gunda war die ganze Zeit an ihrer Seite gewesen, so glaubten die Eltern, sie hatten ihr doch erst vorhin ein Eis gekauft, dann hatte sie ein zweites verlangt und ein Gesicht gezogen, als es ihr verweigert wurde, und nun war sie im Gedränge verschwunden. Harsch fuhren sie Gundas Bruder Guido an, warum er denn nicht besser auf seine kleine Schwester aufgepasst habe. Die Mutter geriet in Panik, wohingegen der Vater eher taten- und kraftlos schien.

„Wir müssen sie suchen!", rief die Mutter aufgelöst, „wir müssen Gunda suchen!"

„Beruhig dich, Mama", sagte Guido, „ich gehe hier entlang, und ihr beide nehmt die andere Richtung."

„Haben Sie meine Tochter gesehen?", sprach die Mutter fremde Zoobesucher an, während der Vater hinter ihr hereilte und Schritt zu halten versuchte. „Ein kleines Mädchen, sechs Jahre alt, sie heißt Gunda, Gunda Kleinschmidt, und sie ist ungefähr so groß" – sie zeigte zur Höhe ihrer Schulter – „sie trägt einen roten Mantel. Sie guckt manchmal unfreundlich, aber sie meint es gar nicht so!"

Doch alle schüttelten den Kopf. In dem großen Gedränge an einem Sonntagnachmittag erwies sich die Suche nach einem kleinen Mädchen als schwierig.

Ihr Bruder Guido schließlich war es, der Gunda fand. Sie hatte sich unbemerkt von ihrer Familie gelöst und war alleine zum Raubtierhaus gegangen. Ihre Eltern waren verwundert, da Gunda sich normalerweise häufig verirrte. Es war mühsam gewesen, ihr den Weg zur Schule beizubringen, bis er sich ihr endlich eingeprägt hatte. So betrachteten sie auch das Raubtierhaus als zufälliges Ziel und Folge dessen, dass sie sich verlaufen hatte.

Im Raubtierhaus stank es bestialisch. Die sechsjährige Gunda stand dicht vor dem Löwenkäfig und starrte den hinter Gittern liegenden Löwen an. Sie machte den Eindruck, als hätte sie am liebsten die Absperrung überwunden, um in den Käfig hineinzukriechen, der Mutter entfuhr ein „Gunda! Geh nicht so nah ran!" Der Löwe starrte mit seinen gefährlichen, grüngelben Augen zurück. Er beachtete weder die anderen Zoobesucher und Gundas kreischende Mutter, noch seine Artgenossen. Auch den halben Ziegen-Brustkorb, der neben seinen riesigen Pranken lag und von dem noch rotes Fleisch in Fetzen hing, ignorierte er. Er sah nur Gunda. Gunda ekelte sich vor dem Brustkorb, er sah nicht aus wie ein Schnitzel, das es mittags bei den Kleinschmidts manchmal gab, und außerdem tat ihr das Tier Leid, dessen Herz darunter geschlagen hatte.

Gunda und der Löwe starrten sich an, ohne ein einziges Mal den Blick abzuwenden. Ein Löwe und ein mürrisches, sechsjähriges Mädchen in einem roten Mantel frönten dem Spiel, bei dem die

Person, die als Erste wegsehen muss, weil sie dem eindringlichen Blick ihres Gegenübers nicht länger standhalten kann, verloren hat. Weder Gunda, noch der Löwe waren bereit zu verlieren.

„Na, du hast wohl einen neuen Freund gefunden?", sagte der Vater freundlich und mild zu seiner Tochter und strich ihr über den Kopf.

Guido sagte: „Lasst uns endlich gehen, der liegt ja nur faul rum und tut nichts, und hier stinkt's. Ich will zu den Elefanten."

Guido schenkte dem Löwen keinerlei Beachtung, im Gegensatz zu seiner Schwester, die ihn immer noch unverwandt ansah. Die Mutter beugte sich zu Gunda hinunter. Die große Erleichterung darüber, die verlorene Tochter wiedergefunden zu haben, war ihr anzusehen. Sie küsste Gundas Gesicht ab. Gunda ließ es mit sich geschehen. Die Mutter zog sie zum Ausgang des Raubtierhauses, und Gunda leistete keinen Widerstand. Auf beunruhigende Weise schwieg sie, aber das war für die Familie Kleinschmidt nichts Neues. Sie alle waren inzwischen daran gewöhnt. Niemand ahnte, was in ihr vorging, als sie sich am Ausgang noch einmal umdrehte und zum Löwen blickte. Ein langer, sehnsüchtiger Blick. Die Eltern glaubten, sie sei eingeschnappt, weil sie kein zweites Eis bekommen hatte. Guido war es gleichgültig, was seine Schwester dachte.

In Wahrheit jedoch hatte Gunda das Eis längst vergessen. Sie stand vor der schwierigen Frage, ob sie zur Großwildjägerin, zur Bezwingerin des Löwen berufen war oder ob sie lieber der Löwe selbst werden solle, Gunda, die Löwen-Königin, inmitten eines Reiches. Folgsam ging sie neben ihren Eltern her und schwieg für den Rest des Nachmittags. Aber diesmal war es ein wohliges Schweigen, kein qualvolles. Aus Gewohnheit nahm ihre Familie an, sie sei beleidigt – dabei träumte sie von Macht, von geschmeidigen Bewegungen, dem meisterhaften Gang großer Katzen und von grüngelben, gefährlichen Augen.

„Puh, hier stinkt's", sagte Simone.

Der Geruch hatte sich nicht verändert. Im Raubtierhaus roch es noch genauso beißend scharf wie damals. Als Kind war Gunda der

Gestank nicht so unangenehm aufgefallen. Möglicherweise hing die heutige Empfindlichkeit mit der größeren Lebenserfahrung zusammen und damit, dass der Geruch sie entfernt an die eine oder andere verflossene Liebhaberin erinnerte.

Heute wurde im Zoo Wert auf artgerechte Haltung gelegt. Die Käfige waren größer als früher. Gitterstäbe und blanke Kacheln gab es noch immer, sie verliehen Böden und Wänden den Charme eines Schlachthofes. Doch jetzt sorgten Baumstämme, Grünzeug und alte Autoreifen zusätzlich für Auflockerung.

Gunda betrachtete kurz den allein lebenden Tiger, der ruhelos an den Gitterstäben auf- und abging. Alle Tiger und Leoparden zeigten dieses Verhalten, früher wie heute. Die Löwen dagegen hingen träumend ihren Gedanken nach. Sie waren wirkliche Könige und Philosophen.

Mit warmen, honiggelben Augen blickte der Löwe träge in Gundas Richtung. Sie trat näher an den Käfig heran. Neben ihm ein halber Ziegen- oder Schafsbrustkorb, von dem noch Fetzen roten Fleisches hingen.

Gunda beneidete den Löwen um seine ganz individuellen honiggelben Augen. Alle anderen Tiere hatten braune Augen wie sie. Einen kurzen Moment sah der Löwe mit den honiggelben Augen direkt in Gundas braune, er hob den Kopf und nahm Witterung auf – dann gähnte er herzhaft und döste. Als Kind hatte Gunda geglaubt, die Begegnung mit dem Löwen würde etwas in ihr verändern, er würde sie meistern. Als Kind hatte sie bei seinem Anblick einen heiligen Entschluss gefasst. Zuerst hatte sie für den Rest des Tages geschwiegen, sie hatte kein Wort mehr gesagt und wollte auch nicht die Streichelziegen anfassen wie die anderen dummen Kinder, sogar Guido tat es, obwohl er doch schon so groß war. Später, beim Abendessen, das aus Broten bestand, die Gundas Mutter schmierte, beschloss sie, von heute an für immer, bis ans Ende ihrer Tage, frohgemut, gelassen und heiter durchs Leben zu gehen. Die Größe, die Elementarkraft, das Tier – all das hatte der sechsjährigen Gunda gezeigt, dass es Wichtigeres gab, als diesen unbedeutenden, kleinen Menschen, die es sicher nur gut mit ihr meinten, zu grollen. Der Löwe hatte die Missstimmung besiegt.

Gundas Vorsatz hatte damals fast zwei Wochen gehalten; für eine Sechsjährige war das eine lange Zeit. Nach diesen zwei Wochen verfiel sie wieder in ihre typische Eigenart.

Sie blieb die ganzen folgenden Jahre verdrossen und grimmig – „schwierig" nannte es ihre Mutter –, daran hatte auch der Löwe im Zoo langfristig nichts ändern können. Einzig in ihrer Pubertät fiel das Schmollen nicht weiter auf, denn in diesem Alter waren alle Mädchen verschlossen und schwierig, so die einhellige Meinung.

Gunda und Simone verließen das Raubtierhaus und traten ins Freie. Erleichtert atmeten sie auf, als frische Luft in ihre Nasen stieg. Hinter dem Raubtierhaus befand sich das Freigehege der Katzen. Ein davor befestigtes Schild warnte die Besucher: Vorsicht! Löwe uriniert ins Publikum!

Gunda und Simone lachten und umarmten sich, dann schlenderten sie weiter. Die Leichtigkeit des Lächelns. Wie einfach es doch ging! Auf unerklärliche Weise hatte Gunda aus dem Anblick des Löwen Kraft geschöpft, damals wie heute, obwohl das Tier heute offenbar mehr zum Leute-Anpissen und weniger zum Philosophieren und Herrschen neigte. Leicht wie eine Feder schwebte Gunda über die Wege des Zoos. „Seht nur, was für eine bezaubernde, charmante Person!", schienen alle Blicke voller Anerkennung zu sagen. Simone, die Frau an ihrer Seite, genoss sichtlich Gundas zugewandtes und herzliches Wesen. Freundlich und voller Güte lächelte Gunda ein mürrisch dreinschauendes Kind an und heiterte es dadurch auf.

„Wir könnten mal wieder Rippchen essen, was meinst du?", sagte Simone fröhlich und drückte Gundas Hand beim Gehen.

Rippchen? Gunda erwiderte den Druck ihrer Hand nicht. Wie konnte Simone in diesem erhabenen Moment an Rippchen denken?

Simone fiel nicht auf, wie regungslos und unbeteiligt Gundas Hand plötzlich in ihrer lag. „Wenn du jetzt so gute Laune hast", sagte sie, „dann ist die Gelegenheit günstig. Wir müssen nämlich noch mal über den Ausflug an die Ostsee reden.“

Gunda wurde hellhörig. „Wieso?“, fragte sie, „was ist damit?“ In ihr regte sich Misstrauen. Ihre Antennen für schlechte Schwingungen und für Zurückweisungen waren rund um die Uhr auf Empfang gestellt.

Simone druckste ein bisschen herum. „Ja, also ...“, begann sie und stockte. „Ja, also, ich würde ihn gerne verschieben.“

„Verschieben?“ Sofort schüttelte Gunda Simones Hand ab und entfernte sich einen großen Schritt von ihr.

Sie hörte im Folgenden nicht mehr die langen Erklärungen, aus denen hervorging, dass Simone die Reise nur um einige Wochen verschieben wolle, weil sie gerade so viel Arbeit habe, nicht absagen, nur verschieben, wir können doch später noch fahren, es läuft doch nicht weg – Gunda hörte das alles nicht, sie hörte nicht Simones Gründe, die einleuchtend waren.

Von rechts kreischten aufdringlich exotische Vögel, links hockte ein kleines, pelziges Tier trübsinnig in seinem Käfig und glotzte dumpf vor sich hin. Vermutlich hatte es braune Augen. Simone wollte den Ausflug an die Ostsee verschieben, etwas anderes hörte Gunda nicht mehr, ein verlängertes Wochenende, das schon lange geplant war. Das bedeutete nichts Gutes. Wahrscheinlich, so dachte Gunda, will sie überhaupt nicht fahren und wagt nur nicht, es auszusprechen. Sie will nicht mit mir verreisen. Sie liebt mich nicht mehr. Ich spüre es. Gundas Miene verfinsterte sich.

Die Veränderungen in ihrem Gesicht entgingen auch Simone nicht. Unermüdlich sprach sie weiter, redete mit Engelszungen auf Gunda ein, doch sie wusste, dass es zwecklos war. Sie wusste, was die Stunde geschlagen hatte. Gunda Kleinschmidt schloss soeben die Tür hinter sich, ließ die Jalousien herunter, schlug die Fensterläden zu und machte die Schotten dicht.

Es war wieder so weit.

Nora wartet

Die Geschichte von Nora, die wartete, begann mit einer teuren Espresso-Maschine, Luxus-Ausführung.

Diese Maschine war ein technisches Wunderwerk, ausgestattet mit allen Schikanen. Nora konnte sich nicht an ihr satt sehen. Allen, die künftig ihre Küche betreten würden, würden vor Bewunderung die Augen übergehen. Die Maschine bereitete wahlweise kräftigen oder milden Espresso zu, verfügte über eine Aufschäumdüse für Capuccino und war darüber hinaus dazu imstande, Kaffeebohnen zu mahlen. Eine chromblitzende Schönheit war sie außerdem – allerdings ahnte Nora beim Kauf, dass es intensivste Pflege und die Anschaffung entsprechender Putzmittel erfordern würde, diesen makellosen Glanz dauerhaft zu erhalten.

Nora hatte nicht viel Geld und musste sich die edle Maschine vom Munde absparen, denn es sollte die neuste, beste und die ästhetisch ansprechendste sein. Sie wollte keine schnöde Aluminiumkanne mehr auf den Herd stellen – heiß werdendes Aluminium war schließlich auch schädlich. Nichts Ungesundes sollte in den Körper ihrer Zukünftigen gelangen. Noras Zukünftige besaß einen besonderen, natürlichen Stil, über den nur sehr wenige Menschen verfügten. Hin und wieder wusste sie nach dem Essen einen Espresso zu schätzen. Das Teuerste und Beste war für sie gerade gut genug.

Nora hatte zusätzlich neue Tassen gekauft – wenn schon, denn schon. Zwei Stück, denn seit einigen Wochen kaufte sie alles nur noch im Paar, weiße mit jeweils einem dünnen Streifen am Rand, der sich auf der Untertasse wiederholte, der eine in blau, der andere in rot. Sie fragte sich, welcher der beiden Tassen ihre Zukünftige wohl den Vorzug geben würde, und konnte es kaum erwarten, es herauszufinden. Möglicherweise, so dachte Nora, wird sie ja zwischen den beiden Tassen wechseln, je nach Stimmung, ohne einen erklärten Liebling zu haben.

Nora liebte es, über solche Details nachzudenken, es verstärkte die prickelnde Vorfreude auf das Leben zu zweit. Obwohl sie ihre Zukünftige gern verwöhnte und bediente, würde sie sie im Fall der Espresso-Tassen jedes Mal bitten, sich selbst eine auszusuchen. Gespannt würde sie dann verfolgen, ob sie in der Einschätzung ihrer Wahl diesmal richtig gelegen hatte.

Heute nimmt sie bestimmt die Tasse mit dem blauen Streifen, heute wirkt sie so ernst. – Jetzt gleich wird sie die Tasse mit dem roten Streifen aus dem Schrank holen, ich weiß es, sie strahlt so viel Erotik aus, und dazu passt Rot.

Insgeheim konnte Nora sogar das Putzen der Espresso-Maschine kaum erwarten. Sie freute sich auf die Zukunft. Sie setzte alles daran, ihre Wohnung in einen Hort der Geborgenheit zu verwandeln. Der leistungsstarke Kaffee-Vollautomat war vielleicht etwas groß geraten für ihre kleine Küche, in der er so viel Raum einnahm, dass manches andere, wie der dekorative Obstteller oder das Stövchen für die Teekanne, verdrängt wurde – doch andererseits erstrahlte nun die ganze Küche eindrucksvoll im Glanz des neuen Blickfangs.

Nora selbst mochte gar keinen Espresso, noch nicht einmal Kaffee. Wenn sie ihn trank, hatte sie stets das Gefühl, er würde ihre Gedärme verätzen und zum baldigen Herztod führen, deshalb verzichtete sie darauf. Nora trank stattdessen grünen Tee.

Eigentlich begann die Geschichte von Nora viel früher, lange vor dem Erwerb der teuren Espresso-Maschine.

Sie begann mit der Einsamkeit. Damals scheute Nora sich, dieses Wort zu benutzen, sie fürchtete sich geradezu davor und schauderte, wenn sie es hörte oder las, da sie stets glaubte, *sie* sei direkt angesprochen. Dieses schreckliche Wort! Einsamkeit – das war gleich bedeutend damit, versagt zu haben, gescheitert zu sein, nicht mitspielen zu dürfen bei des Menschen ureigenstem Trieb der Paar- und Sippenbildung. Nora hatte nicht einsam sein wollen. Einsamkeit erinnerte sie unweigerlich an alte, allein stehende Menschen, die wochen- oder sogar monatelang tot in ihren Wohnungen lagen, unbemerkt von allen, da niemand sie vermisste, bevor ein Nachbar auf den unangenehmen Geruch aufmerksam wurde und man sie endlich entdeckte.

Es erinnerte sie auch an den Silvestervormittag vor vielen Jahren. Eine alte Frau hatte in der Kassenschlange bei *Aldi* direkt vor ihr gewartet. Sie war Nora seitdem nicht mehr aus dem Kopf gegangen, bis heute nicht, obwohl diese Begegnung schon so lange zurücklag. Im Einkaufswagen der alten Frau hatte sich, neben einem Stück Seife, einem Paket Räucherlachs und einer Schachtel Weinbrandbohnen, ein einziges Piccolo-Fläschchen der *Aldi*-Sektmarke befunden. Die Frau hatte sauber und nach *Lux* duftend das neue Jahr begrüßen wollen, deshalb die Seife. Keiner der auf sich selbst fixierten Kunden um sie herum hatte etwas von dieser Tragödie bemerkt, nur Nora hatte sie erkannt und mit den Tränen gekämpft. In der Kassenschlange hatte sie sich ausgemalt, wie die alte Frau um Mitternacht mit ihren faltigen, vertrockneten Fingern, die an Echsenhaut erinnerten, die Piccolo-Flasche öffnen würde, was wegen ihrer Kraftlosigkeit nicht auf Anhieb gelänge, und wie sie dann niemanden zum Anstoßen vorfinden würde, denn seit Jahren war niemand mehr da. Sie würde mit einer ganz leisen Stimme, die daher rührte, dass sie schon lange nicht mehr zu reden gewohnt war, ihrem verfetteten Langhaardackel mit dem trüben Blick zuprosten – falls der nicht bereits verstorben war.

Dieses Bild hatte Nora nie vergessen können, all die Jahre nicht, und seit jenem Tag war die alte Frau in der Kassenschlange zur leibhaftigen Verkörperung der Einsamkeit für sie geworden. Obwohl sie damals kein einziges Wort mit ihr gesprochen hatte, hatte sie sich unauslöschlich in Noras Gedächtnis eingebrannt, und manchmal fragte sie sich, ob sie noch lebte.

Nora wäre immer vermisst worden, wenn sie tot in ihrer Wohnung gelegen hätte, und dieser Gedanke beruhigte sie. Sie unterhielt zahlreiche gesellschaftliche Kontakte, daran hatte es ihr nie gemangelt. Sie war beliebt und wurde häufig eingeladen. Man schätzte ihre Gesellschaft. Doch das konnte nicht darüber hinwegtäuschen, dass sie lange Zeit eine Partnerin entbehrt hatte, einen Menschen an ihrer Seite. Ihre letzte Liebesbeziehung lag sieben Jahre zurück, das unrühmliche Ende war in gegenseitigem Hass besiegelt worden.

In der ersten Zeit nach der Trennung hatte Nora sich die Wunden geleckt und nichts vermisst. Mehr noch, sie wähnte sich regelrecht glücklich ohne die in ihren Augen unvermeidlichen Kämpfe, die die Liebe zwangsläufig begleiteten, ihre dunklen Schattenseiten. Nach dieser ersten Phase glaubte sie eine Weile, sich an das Single-Dasein gewöhnt zu haben; sie war nicht allein, denn es gab Millionen anderer, und auch die Nahrungsmittelindustrie hatte sich inzwischen mit der Produktion kleiner Portionen auf dieses gesellschaftliche Phänomen eingestellt. Zwischendurch vergaß Nora manchmal sogar, was eine Liebesbeziehung überhaupt war, und auch ihre letzte eigene, Jahre zurückliegende entschwand immer mehr aus ihrem Gedächtnis.

In Wahrheit jedoch hatte Nora nichts vergessen. In Wahrheit hatte die Sehnsucht nach einer treuen, liebenden Gefährtin beständig in ihr gelauert.

Hin und wieder – etwa alle zwei Jahre – verbrachte sie mit einer unbekannten Frau eine Nacht, in seltenen Fällen wurden daraus auch zwei oder drei. Danach glaubte Nora, die Frau fürs Leben gefunden zu haben, umso mehr, wenn diese bereits liiert war und nie wieder anrief. War die andere jedoch allzu offensichtlich auf der Suche und strebte nach Vermählung, zog Nora sich zurück. Sie liebte es behutsam, Schritt für Schritt. Wer täglich bei ihr anrief und ihr auf die Pelle rückte, verdarb es und hatte schon verloren. Dann überkam Nora plötzlich ein starker, nicht zu überwindender Ekel, und am liebsten hätte sie alles ungeschehen gemacht.

Schließlich erkannte sie ihre Lage und begab sich auf die Suche. Einige ihrer Anstrengungen, die treue, liebende Gefährtin zu finden, konnten ernsthaft genannt werden, manche nur halbherzig. In den halbherzigen Fällen hatte sich die Übereinstimmung der Lebensstile sehr bald als so verschwindend gering herausgestellt, dass sich jedes weitere Engagement erübrigte.

Da war zum Beispiel Irene gewesen, eine attraktive Frau in Noras Alter, die mit beiden Beinen fest im Leben stand. Ihre praktische Art hatte Nora auf Anhieb gefallen, und sie hatte Irene gemocht, wirklich gemocht. Sie wäre eine ernst zu nehmende Kandidatin gewesen – bis sie dann von ihren letzten und auch vorletzten Ferien zu schwärmen begann. Nora war hellhörig geworden und hatte schließlich die Notbremse gezogen. Zum Glück, wie sich herausstellen sollte. Sie hatte sich des plötzlich aufkommenden unguten Gefühls einfach nicht erwehren können, das sie in dem Moment packte, als Irene begeistert über ihren Schweden-Urlaub sprach. Noras Gefühle, ihre engsten Verbündeten, hatten ihr bislang immer Recht gegeben – Grund genug, ihnen auch diesmal zu vertrauen. Eine Tür schlug zu. Schweden. Norwegen. Dänemark. Endlose Weite. Niedrige Temperaturen auch im Sommer, die Nora in Gedanken frösteln ließen. Hier und da ein Baum, ein See, sonst nichts. Die zugeschlagene Tür konnte nicht mehr geöffnet werden, sie war für immer verriegelt.

Nora wollte nach Kreta. Sie war der mediterrane Typ, sie liebte die flirrende Hitze, den Strand, das tiefblaue Meer – was sollte sie mit einer Skandinavien-Fanatikerin anfangen? Zwischen ihnen lagen unüberbrückbare Welten. Und mit einem Mal ging ihr auf, dass sich hinter Irenes praktischer Art etwas ganz anderes verbarg, nämlich Einfältigkeit. Nora war unendlich erleichtert, es noch rechtzeitig erkannt zu haben. Sie fragte sich plötzlich, worüber sie mit Irene hätte reden sollen, die nächsten Wochen und Monate, die kommenden Jahre – ein Leben lang? Nicht auszudenken, was passiert wäre, hätte sie sich auf Irene eingelassen. Mit Erschrecken – und dabei empfand sie eine seltsame Lust – stellte Nora sich vor, wie ihnen nach und nach die Gesprächsthemen ausgehen würden. Ihren Urlaub müssten sie getrennt verbringen, außer, sie hätte freiwillig im Norden gezittert und gebibbert. Als ihr das endlich klar wurde, rief sie Irene nie wieder an und beantwortete ihre Briefe und E-Mails nicht mehr.

Man hätte vermuten können, dass Nora mit dem leisen Anflug von Neid auf befreundete Paare blickte, seit sie sich eingestanden hatte, die Zweisamkeit zu vermissen, doch dem war nicht so. Vielmehr betrachtete sie die Liebe mit einem gesunden, kritischen Blick. Nora kaufte niemals ein Produkt aus der Fernsehwerbung, und genauso ließ sie sich auch bei der Liebe kein X für ein U vormachen. Nicht, dass sie eine Nörglerin gewesen wäre, im Gegenteil, sie war begeisterungsfähig, von Natur aus optimistisch und voller ansteckender Lebensfreude, aber partnerschaftliche Probleme blieben ihr niemals verborgen, so sehr diejenigen, die unter ihnen litten, auch darum bemüht waren, sie geheim zu halten. Zwischenmenschliche Kleinkriege offenbarten sich Nora sofort in ihrer ganzen schrecklichen Größe wie ein Gesicht mit hässlichem Ausschlag. Vielleicht hatte sie ihren Beruf verfehlt und war zur Paartherapeutin geboren, statt dazu, Rentner in Volkshochschulkursen in die Grundkenntnisse der Textverarbeitung und des Internets einzuführen. All diese Fehler, die erst zum Kränkeln, dann unweigerlich zum Siechtum und schließlich zum Tod der Liebe führten, würde sie in ihrer eigenen Partnerschaft vermeiden, das schwor sie sich. Sie würde alles besser machen. Nora würde auf ihre Beziehung Acht geben, sie pfleglich behandeln und jeden Tag als kostbares Geschenk betrachten. Sie richtete ihre Wohnung für die Liebe ein, Stück für Stück. Bald würde es vollbracht sein.

Wenn Nora über den Markt ging, betrachtete sie verträumt das Gemüse, das so frisch, gesund und lebensbejahend wirkte wie sie selbst. Gut gelaunt strahlte sie die Verkäufer an. Sie liebte es, für ihre Freundin einzukaufen, und hatte den Vitamingehalt nahezu sämtlicher Obst- und Gemüsesorten im Kopf. Sie dachte sich gern Speisepläne aus, lange Menüs, und schwelgte in stiller, genießerischer Vorfreude. Töpfe! Sie benötigte dringend neue Töpfe. Wie hatte sie das nur vergessen können? Ganz neues Kochgeschirr, energiesparend und vitaminschonend. Überhaupt – sie musste ihren ganzen Haushalt umkrempeln und neu organisieren.

Die Vorlieben und Abneigungen ihrer Zukünftigen waren Nora stets präsent. Nie hätte sie auch nur eine einzige vergessen. Ihre Zukünftige verabscheute grüne Bohnen, rote Beete und Broccoli, genau wie sie selbst. Diese Übereinstimmung ließ sie jedes Mal, wenn sie Gemüse sah, schmunzeln. Das Calcium und Vitamin A in Broccoli und grünen Bohnen konnten sie verschmerzen – sie ernährten sich gesund. Gleiche Vorlieben machten das Kochen und Essen zu einem berauschenden Fest. Ihre Zukünftige aß Fleisch, aber in Maßen. Von ausgesuchter Qualität musste es sein. Genauso verhielt es sich bei Nora. Auf die Übereinstimmungen im Leben kam es an, sie waren das Wichtigste. Reine Vegetarierinnen waren Nora schon häufig untergekommen – Stefanie! –, und sie hatte sie meistens als blutleer und blässlich empfunden. Darüber hinaus hegte sie die gewagte Vermutung, dass sie auch anderen fleischlichen Genüssen nicht zugetan waren, und das kam für Nora nicht in Frage.

Bei den Gummibärchen-Favoriten unterschieden sich ihre Vorlieben allerdings deutlich voneinander: Nora aß am liebsten die roten, gefolgt von den gelben. Ihre Zukünftige bevorzugte hingegen die grünen, weißen und orangefarbenen Bärchen. Ein perfektes Arrangement. Einigkeit in großen wie in kleinen Lebensfragen. Auf diese Weise war das restlose Vertilgen der Tüte ohne Streit gewährleistet.

Aber Nora dachte keineswegs nur ans Essen. Sie bewegte sich in weitaus größeren Dimensionen. Der Erwerb der teuren Espresso-Maschine belastete auch deshalb ihr Konto, weil ihm die Anschaffung eines nagelneuen, großen Bettes mit Latex-Baumwoll-Matratze vorausgegangen war. Nora hätte Latex-Rosshaar bevorzugt, aber das Allergie-Risiko für die Geliebte war zu groß.

Wochenlang hatte sie Prospekte gewälzt, Geschäfte abgeklappert und zu Hause unermüdlich mit dem Zollstock die Größe einzuschätzen versucht. Ihr altes Bett maß 1,20 Meter und war damit entschieden zu schmal. Ihr altes Bett musste weg. Nora brauchte ein neues Bett, ein großes, eins, das künftig die Liebe und die Leidenschaft beherbergen würde. Sie hatte überlegt, ob 1,60 Meter oder 1,80 Meter die richtige Breite sei, und war lange Zeit ratlos gewesen. Ihre Wahl fiel dann schließlich auf das Modell *Mayflower* in der Breite 1,60 Meter, nicht zuletzt, weil sich die Bettenverkäuferin namens Nothnagel, die Nora in endlose Debatten verwickelte, ihrer Unentschlossenheit geduldig annahm. Das Modell *Mayflower* verfügte über zwei Kopfstützen, und da Noras Zukünftige abends im Bett ebenso gern las wie sie selbst, gaben diese Kopfstützen den Ausschlag für ihre Entscheidung und überzeugten sie.

1,60 Meter. Vielleicht liegt man, so gingen Noras Gedanken, auf 1,80 Meter zu weit voneinander entfernt. Eine junge, gerade erblühende Liebe duldete keinen Abstand. Frau Nothnagel beglückwünschte Nora zum gelungenen Kauf.

Nora hatte inzwischen die vierzig überschritten und war in Bezug auf Frauen das, was man gemeinhin „wählerisch" nennt.

Es hatte sich in den letzten Jahren verstärkt, ohne dass es ihr selbst bewusst geworden wäre. Ihre Freundinnen wiesen sie manchmal mit besorgtem Blick darauf hin. Doch Noras eiserner Grundsatz, von dem sie keinen Millimeter abzuweichen bereit war, lautete: Lieber gar keine als irgendeine. Lieber auf das Beste warten, als sich mit dem Mittelmäßigen begnügen. Nicht nur das Aussehen spielte dabei eine gewichtige Rolle, sondern auch die Herkunft, die kulturellen Interessen und der Kleidungsstil. Nora fragte sich, welcher Beruf am besten zu ihr passen würde – nicht ihr eigener, sondern der Beruf ihrer Zukünftigen. Ihre Ansichten darüber wechselten oft. Manchmal ersehnte sie eine extravagante

Künstlerin, manchmal eine Frau, die im pädagogischen Bereich tätig war wie sie selbst. Feste Vorstellungen hatte sie immer.

Nora konnte partout keinen Schaden in ihrer kritischen Betrachtungsweise sehen, auch wenn ihre Freundinnen sie deswegen oft rügten. „Gut zureden" und „den Kopf zurechtrücken" nannten sie das.

Nora, jetzt übertreibst du aber wirklich, sie ist doch ganz nett.

Nora, warte doch erst mal ab, wie sich alles weiter entwickelt.

Meinst du nicht, Nora, hinsichtlich unterschiedlicher Urlaubsziele kann man zu einem Kompromiss kommen?

Warum willst du sie denn nicht mehr anrufen? Sie gefiel dir doch zuerst, oder nicht?

Was ist denn so schlimm daran, dass sie Juristin ist?

Aber Nora, was hast du denn plötzlich gegen Lehrerinnen? Du bist doch selbst eine!

Gut, sie macht eine Umschulung, aber das hast du doch auch mal gemacht.

Nora! Wie kannst du nur so etwas Abscheuliches sagen! Ab einem gewissen Alter hat doch jeder Augensäcke.

Nora, sie kann doch wirklich nichts dafür, dass sie gerade keinen Job hat.

Sie sieht doch ganz süß aus, und ich fand sie sehr nett, als du sie mir vorgestellt hast. Sie hat bestimmt noch was anderes zum Anziehen als diese abgewetzte rote Lederjacke.

Nora, jetzt übertreibst du aber. Sie war einfach aufgeregt, das ist doch kein Wunder, schließlich war es euer erstes Treffen, deshalb hat sie so viel geredet. Und dass sie andere Musik hört als du – diese Kluft lässt sich bestimmt überwinden.

Ihre Freundinnen hatten Nora nie überzeugen können, obwohl ihre Einwände durchaus einleuchtend klangen. Doch Nora hatte jedes Mal, wenn sie sie vorbrachten, gedacht: Ach, haltet den Mund. Was wisst ihr denn schon? Ich verschwende mich doch nicht. Ich will lieber noch warten, bis ich die Richtige finde.

Auf diese Weise war im Laufe der Jahre eine ganze Reihe paarungswilliger Frauen an ihr vorübergezogen. In den meisten Fällen war Noras Interesse aus berechtigten Gründen schnell erlahmt, und jede anfängliche Begeisterung, die allein der naive Überschwang des Augenblicks erklären konnte, hatte sich angesichts mangelnder Übereinstimmung bald wieder abgekühlt. Möglicherweise waren ihre Kriterien ein wenig streng, aber Nora wollte es vermeiden, blindlings direkt in eine Liebes-Katastrophe hineinzusteuern. Drum prüfe, wer sich ewig bindet, hieß ihre Devise. In ihrem Alter kannte man derartige Risiken und konnte das Für und Wider abwägen.

Ihre Freundinnen waren anderer Ansicht, und sie hatten allen Grund dazu. Sie befürchteten, Nora auch die kommenden sieben, vierzehn, einundzwanzig Jahre mitschleppen zu müssen, jahraus, jahrein, durch Geburtstage, Weihnachtsfeiern, Silvesterpartys und andere Gelegenheiten hindurch. Ihre Freundinnen hegten schon lange den Wunsch, Nora möge endlich unter die Haube kommen, damit sie milder gestimmt und ausgeglichener wäre und die nächsten Weihnachtsfeiertage zur Abwechslung vielleicht einmal ohne sie verbrächte. Sie hatten zahlreiche Versuche unternommen, sie zu verkuppeln, doch alle waren fehlgeschlagen. Nora roch die Absicht auf zehn Kilometer Entfernung und reagierte abweisend und schroff. Der Kandidatin gegenüber betonte sie pausenlos, wie sehr sie Pärchen und Symbiosen, die zwangsläufig aus ihnen resultierten, hasse.

Nora hatte ihren Freundinnen, die es sicher gut mit ihr meinten, jedes Mal gegrollt, kein gutes Haar an den von ihnen ausgesuchten Damen gelassen und noch wochenlang über sie geschimpft. Sie hatte es nicht nötig, sich mit der Erstbesten einzulassen, nur, weil ihre Freundinnen der Ansicht waren, nach so vielen langen Jahren des Alleinseins sei es an der Zeit. Nora wusste selbst, was gut für sie und wann die Zeit reif war. Und sie hatte nie daran gezweifelt, dass das Beste, das absolut Beste, erst noch kommen würde, und zwar in naher Zukunft.

Die Wahl der beiden Nachttische, die Nora ergänzend zum Bett kaufen wollte, um ihr Schlafzimmer komplett zu machen, erwies sich unerwartet als noch schwieriger als die des Bettes. An Nachttische hatte sie keinen Gedanken verschwendet, im Glauben, ihre Anschaffung sei eine leichte Übung des guten Geschmacks, nachdem sie den Kauf des Bettes und des Kaffee-Vollautomaten so bravourös und stilsicher gemeistert hatte. Sie mussten in Farbe und Höhe zum Bett passen. Sie durften auf gar keinen Fall klobig wirken, das hätte ihrer Zukünftigen nicht gefallen. Trotzdem mussten sie über mindestens je eine Schublade verfügen, denn Nora hatte sich über einen diskreten Versandhandel Sexspielzeug bestellt, das sie ungern öffentlich herumliegen lassen wollte; zugleich aber sollte es in den entscheidenden Momenten stets griffbereit sein, und welcher Platz eignete sich hierfür besser als der direkt neben dem Bett?

Die Nachttische mussten außerdem genügend Platz für die neuen Leselampen bieten, die sie kürzlich gekauft hatte. Zwei identische Lampen. Seit einiger Zeit kaufte Nora alles nur noch im Paar. Die Lampen warteten auf ihren Einsatz – darauf, aus der idealen Höhe ihr Licht auf Bücher zu werfen, zu beiden Seiten des neuen Bettes. Sie würden außerordentlich intelligente Gespräche beleuchten, die Nora mit ihrer Liebsten über Literatur führte.

Wenn Nora in einem Geschäft etwas ins Auge sprang, das ihr gefiel, fragte sie sich sofort, ob es auch den Geschmack ihrer Zukünftigen traf, und mit einem sicheren Blick griff sie entweder zu oder nahm Abstand. Sie verbrachte viel Zeit in Geschäften jeder Art, vorwiegend in solchen, die Haushaltsartikel führten oder sich der Inneneinrichtung widmeten. Sie hatte eine zweite Daunendecke angeschafft und mehrere neue Bettbezüge, zwei von jeder Sorte. Nora baute ein Nest. Frau Nothnagel, die Bettenverkäuferin, die ihr inzwischen vertraut war und mit Vornamen Ulrike hieß, wie Nora nach weiteren Besuchen in ihrem Geschäft erfuhr, brachte die Frage nach einer großen Bettdecke ins Spiel. Eine große Bettdecke, anstelle von zwei kleinen. Damit verunsicherte sie Nora.

„Sie richten sich wohl ganz neu ein?“, fragte Frau Nothnagel, und Nora bejahte.

„Wenn man sich nahe steht“, fuhr Frau Nothnagel mit einem anzüglichen Blick – zumindest empfand Nora es so – fort, „wenn man sich nahe steht, ist eine breite Decke viel ... romantischer. Ich spreche da aus Erfahrung. Zufällig haben wir gerade was im Angebot.“

Möglicherweise hatte sie mit diesem Einwand Recht. Allerdings würde eine extra-breite Bettdecke auch den Kauf ganz neuer Bettbezüge erfordern, und zu Hause warteten schon die Pärchen-Bezüge, zwei von jeder Sorte, im Schrank auf ihre Benutzung.

„Ich denke darüber nach“, sagte Nora. Unter einer breiten Decke fühlt man sich allein bestimmt unendlich verloren, dachte sie.

Wenn man allein war. Wenn man so allein war, dass man Silvester mit seinem Langhaardackel verbringen musste. Auf Nora traf das nicht zu.

Wäre diese Sitte heute nicht nahezu ausgestorben, ließe sich Noras Nestbau-Verhalten am ehesten damit vergleichen, dass sie sich selbst eine Aussteuer zulegte. Sie sorgte vor. Sie wollte nichts dem Zufall überlassen und für alle Eventualitäten gerüstet sein – wenn es sich auch nur um diese eine bestimmte handelte, nämlich die, dass in absehbarer Zeit ihre Liebste, ihre künftige Partnerin, in ihr Leben treten würde. Bis dahin sollte ihr Haushalt komplett sein.

Sie hatte das Alter, in dem Töchter unter die Haube gebracht werden, längst überschritten; die Menopause lag ihr rein rechnerisch näher als die Menarche. In den Augen ihrer Familie, von der sie nie eine Aussteuer erhalten hatte, abgesehen von dem Stapel weißer und rosafarbener Handtücher und den Taschentüchern mit selbstgesticktem Monogramm zur Konfirmation vor etwa achtundzwanzig Jahren, war sie seit mindestens einem Jahrzehnt ein hoffnungsloser Fall.

Und nicht nur in den Augen ihrer Familie. Seit einiger Zeit hatte Nora das Gefühl, dass ihre Freundinnen hinter ihrem Rücken über sie tuschelten. Ihre Versuche, Nora mit einer allein stehenden, bedürftigen Frau aus ihrer Bekanntschaft zu verkuppeln, waren inzwischen seltener geworden, da sie nicht fruchteten, aber ganz aufgegeben hatten sie es nie. Jedes Mal hatten sie die Falsche an Nora heranzuführen versucht. Verhärmte Single-Frauen, die schon so lange allein gewesen waren, dass die schrulligen Marotten, die sie sich zugelegt hatten, sie umwehten wie unangenehmer Körpergeruch, den kein Deodorant und kein Parfüm eindämmen konnte.

Einen besonderen Reiz übten auf Nora gebundene Frauen aus, die, dessen war sie sich sicher, ihre Beziehung Noras wegen verlassen würden. Sobald eine Frau eine Freundin hatte, erwachte Noras Interesse – stellte sich hingegen heraus, dass sie auf der Suche war wie sie selbst, schrumpfte ihre anfängliche Attraktivität zusammen, bis von ihr nichts mehr übrig war, außer einem kleinen, schmutzigen Häufchen Asche.

Noras strenge Richtlinien hatten sich im Laufe der Jahre gewandelt, so wie auch sie selbst vom alles verändernden Fluss der Zeit nicht verschont blieb. Sie war über vierzig, nicht mehr zwanzig oder dreißig. Unverändert streng aber waren die Richtlinien immer geblieben.

In einer langen, meditativen Lebensphase, die sie heute als abgeschlossen betrachtete, hatte sie fast täglich Tarot-Karten gelegt und darüber ein detailliertes Tagebuch geführt. Auch das richtige Sternzeichen war damals von großer Bedeutung für sie gewesen. Die Tarot-Karten hatte sie im Wesentlichen darüber befragt, ob die Frau, die sie ins Auge gefasst hatte, auch die Richtige sei, oder, existierte eine reale Person zurzeit nicht, wann die Richtige endlich käme.

Stefanie, der orthodoxen Vegetarierin, hatte sie von Anfang an Misstrauen entgegengebracht, und das hatte viele Gründe gehabt.

Vor allem war ihr Sternzeichen Schuld gewesen. Nora hatte es bereits vor ihrer ersten Verabredung in Erfahrung gebracht. Es war das falsche. Es vertrug sich nicht mit ihrem Sternzeichen, und auch der Aszendent vermochte daran nichts zu ändern, sondern vergrößerte die gewaltige Kluft zwischen ihnen noch.

Sie hatten sich über eine Kontaktanzeige kennen gelernt. Nach fünf Jahren Alleinsein hatte Nora diese Methode nicht mehr als ehrenrührig, sondern als einen gangbaren Weg betrachtet. Bei ihrem ersten Treffen musste sie feststellen, dass Stefanie sehr schlank war, beinahe schon mager. Nora machte Abstriche auf ihrer in Gedanken geführten Pro und Kontra-Liste. Die Kontra-Seite wurde länger und länger. Nora bevorzugte damals ausgeprägte weibliche Rundungen – wenngleich ihr diese Vorliebe erst just im Café, in dem sie der mageren Stefanie gegenübersaß, bewusst wurde. Über die Unvereinbarkeit ihrer Sternzeichen hätte sie vielleicht noch hinwegsehen können, nicht aber über diese Hühnerbrust und die spitzen Knochen. Stefanie war die ganze Zeit so nervös. Bestimmt rührte das daher, dass sie seit zehn Jahren kein Fleisch mehr aß, wie sie dreimal erwähnte.

Ihren erwartungsvollen Freundinnen sollte Nora später folgende Mitteilung machen: „So eine dürre Hippe, das mochte ich ja noch nie. So was Verhungertes, wie ein magersüchtiges Model."

Ihre Freundinnen würden verwundert zur Antwort geben: „Aber Nora, neulich war dir doch diese eine, wie hieß sie noch gleich, mit Größe 42 entschieden zu dick!"

Nora würde abstreiten, so etwas jemals behauptet zu haben. In Wahrheit waren Stefanies spitze Knochen gar nicht der Grund, zumal sie von ihnen nur einen vagen Eindruck erhalten hatte. Sie hatte Stefanie niemals unbekleidet gesehen, so weit war es erst gar nicht gekommen. Sternzeichen Jungfrau, Aszendent Schütze, das waren die triftigen und schwerwiegenden Gründe. Nora war ein Krebs, sensibel und äußerst emotional; eine nüchterne, rationale Jungfrau würde ihre Empfindungen dämpfen. Der rastlose Schütze, Stefanies Aszendent, lehnte die Häuslichkeit ab, die Nora damals gerade für sich zu entdecken begann. Und als wäre das nicht bereits genug – Stefanies Merkur im geschwätzigen Zwilling und ihr Jupiter im sturen Steinbock ließen Nora um ihre Ruhe und ihre Selbstbestimmung fürchten.

Sie trafen sich noch ein zweites Mal, diesmal zum Essen. Nora tat es mehr aus Gefälligkeit und um ihre Einschätzung einer abschließenden Prüfung zu unterziehen. Doch die Würfel waren längst gefallen. Sie konnte die ganze Zeit ihren Blick nicht von dem Gemüseauflauf abwenden, den Stefanie sich bestellt hatte. Sie selbst entschied sich für ein großes Steak, um auf diese Weise die Aussichtslosigkeit einer Verbindung zwischen ihnen zu unterstreichen.

„Mich stört es nicht, dass du Fleisch isst", sagte Stefanie und spießte ein Stück Broccoli auf ihre Gabel. Nora starrte darauf. Sie hasste Broccoli. „Ich bin jetzt schon seit fast zwei Jahren allein", redete Stefanie weiter. „Irgendwann sehnt man sich ja doch nach einer Beziehung. Und aus uns könnte was werden, meinst du nicht?" In ihren Augen leuchtete die Hoffnung.

Nora überkam ein starker, nicht zu überwindender Ekel. „Eigentlich weiß ich gar nicht, ob ich schon bereit bin für eine neue Beziehung", sagte sie, „mir geht es ganz gut allein. Im Gegensatz zu dir bin ich eigentlich auch gar nicht richtig allein." Sie wollte weg, sofort weg, das Lokal verlassen und Stefanie nicht mehr sehen müssen. Der Anstand gebot es, noch abzuwarten, bis sie beide aufgegessen hatten; danach verabschiedete Nora sich überstürzt und ließ Stefanie sitzen.

Zu Hause legte sie Tarot-Karten. Nora war eine exzellente Kennerin der Materie. Langsam ließ sie ihre Hand an den verdeckten Karten entlangfahren und lauschte dabei ihrem Gefühl, das von tief innen emporstieg; dort, wo es in ihrer Hand warm wurde und auffordernd prickelte, zog sie eine Karte. Die drei Karten bestätigten schließlich ihre schlimmsten Vermutungen: Nie und nimmer konnte aus der Vegetarierin und ihr etwas werden. Schon die Nummer VI der Münzen weckte Noras Argwohn. Eine reiche Person gab zwei vor ihr knienden Bettlern Geld. Es folgten die Schwerter, die Kampf voraussagten. Nora hatte die missliche Lage der bedauernswerten Frau, die auf dieser Karte mit verbundenen

Augen gefesselt zwischen aufgerichteten Schwertern stand, schon immer als bedrohlich empfunden. Den endgültigen Ausschlag gab dann die letzte Karte, die mit dem Turm. Zwei Menschen stürzten von einem Turm in ihr Verderben. Nein! Nora würde Stefanie nicht wieder sehen und sie zu den Akten legen.

Nicht zu vereinbarende Sternzeichen sollten auch nach der sehr kurzen Episode mit Stefanie weitere mögliche Verbindungen verhindern. Ihre Tarot-Karten hatten ebenfalls selten etwas Verheißungsvolles und Lohnenswertes vorhergesagt. Nur Mittelmaß und vorprogrammierte Konflikte – außer bei den gebundenen Frauen und einigen heterosexuellen, für die Nora sich hin und wieder interessiert hatte. Die Karten logen nie.

In der Geschichte von Nora, die wartete, gab es auch eine Nebenrolle, eine wichtige. Sie wurde von einem nagelneuen Qualitäts-Staubsauger gespielt, ausgerüstet mit Staubfüllanzeige und Chrom-Teleskoprohr. Nora liebte ihn und saugte, seit sie ihn besaß, jeden Tag gründlich, auch in den Ecken und unter dem Bett.

Sie schaltete den neuen Staubsauger ein und schob ihn durch die Wohnung. Staubsaugen konnte zu einer Besessenheit werden, zu einem echten Bedürfnis, so unverzichtbar wie Essen. Staubsaugen verschaffte Nora die Gewissheit, dass ihre Wohnung jederzeit picobello sauber und einladend war, und befriedigte sie tief. Beim Saugen der Teppiche und dem Einrichten und kunstvollen Verfeinern der Wohnung konnte sie sich am besten in jeder kleinsten Einzelheit ausmalen, wie sich das künftige Leben mit ihrer Liebsten gestalten würde.

Als sie den Staubsauger später wieder beiseite räumte, war es draußen längst dunkel geworden.

Nora ging ins Schlafzimmer und betrachtete zufrieden die beiden Nachttische links und rechts vom Bett. Sie knipste beide

Nachttischlampen an und richtete ihren Strahl günstig ein, zum Lesen geeignet, aber ohne zu blenden. Sie fragte sich, ob sie einen zweiten Wecker auf den Nachttisch stellen sollte, denn ihre Liebste würde andere Arbeitszeiten haben als sie. Dann bezog sie die neue Daunendecke mit der gleichen Bettwäsche, die auch die andere, von ihr benutzte, umhüllte, und legte sie daneben auf das Bett. Sollte sie nicht doch noch einmal in den Laden gehen, in dem Ulrike Nothnagel arbeitete, und die übergroße Bettdecke, von der sie gesprochen hatte, kaufen? Ulrike Nothnagel war im selben Alter wie sie, inzwischen duzten sie sich und hatten ein nahezu freundschaftliches Verhältnis zueinander. Nora verschob die Entscheidung auf den nächsten Tag.

Sie rief ihre Freundinnen nur noch selten an, da Nora mit ihren Plänen, die sie ausfüllten und glücklich machten, vollauf beschäftigt war. Ihre Freundinnen verstanden sie nicht. Sie wollte mit ihnen nicht mehr über die Liebe reden. Noras Freundinnen wussten nicht, dass es richtig war, auf das Beste, das Einzigartige zu warten, statt faule Kompromisse einzugehen.

Nora holte ihre Tarot-Karten aus der Schublade. Das hatte sie schon lange nicht mehr getan. Sie war gespannt, was sie prophezeien würden, und auch ein bisschen aufgeregt. Statt drei Karten zu legen, beließ sie es diesmal bei einer, denn gleich mit der ersten deckte sie „Die Liebenden“ auf. Die Liebenden! Die Königskarte. Ihre Zukunft versprach, traumhaft zu werden.

Beschwingt ging sie in die Küche, wienerte an der Espresso-Maschine herum und fasste den Entschluss, sie an diesem Abend einzuweihen. Die Jungfernfahrt des Kaffee-Vollautomaten. Nachdem sie die Bedienungsanleitung studiert hatte, mahlte sie Bohnen und programmierte die Maschine auf zwei Tassen. Nora entschied sich für kräftigen Espresso, da ihre Zukünftige Feuer im Blut hatte. Während sie darauf wartete, dass der Espresso fertig wurde, öffnete sie eine Tüte mit Gummibärchen, schüttete ihren Inhalt auf einen großen Teller und sortierte die grünen, weißen und orangefarbenen heraus. Sie legte sie in eine kleine, altmodisch-dekorative Schale, die sie von ihrer Großmutter geerbt hatte. Dann holte sie die Tasse mit dem roten Streifen aus dem Schrank, goss den fertigen Espresso ein und stellte die Tasse auf einen kleinen runden Tisch vor dem Fenster im Wohnzimmer. Sie sah sich im Zimmer um. Alles war perfekt – oder fast perfekt. Der neue Funkkopfhörer lag bereit. Nora hatte ihn für den Fall gekauft, dass ihre Zukünftige lieber lesen wollte als fernzusehen. Sie stellte einen Stuhl vor das Fenster, setzte sich darauf und blickte in den nächtlichen Himmel.

Die Wolken zogen vorbei wie die Frauen der vergangenen sieben Jahre. Keine Einzige war in die nähere Auswahl gekommen. Vielleicht war Nora wirklich wählerisch, aber sie konnte daran einfach nichts Schlechtes erkennen. Sie hasste Halbherzigkeiten. Sie wollte das Wahre, das Echte.

Ihre Liebe würde kommen. Bald. Alles stand bereit. Ein zweiter Wecker war nicht nötig, entschied sie; diejenige, die zuerst aufstehen müsste, würde der anderen den Wecker stellen. Morgen würde Nora noch einmal ausführlich mit Ulrike Nothnagel über die große Bettdecke reden. Das Leben lag vor ihr, es konnte beginnen. Noras Zukünftige, die Richtige, würde bald kommen.

Die Nacht war fast vorbei, der Espresso in der Tasse mit dem roten Rand längst kalt. Nora schlief. Die Gummibärchen in der altmodisch-dekorativen Schale, die sie von ihrer Großmutter geerbt hatte, waren trocken und rissig geworden und zu armseligen kleinen Klumpen verschrumpelt.

Der Närrin lacht das Glück

Doris

Um es gleich vorweg klarzustellen: Yvonne ist ein Aas. Ich kann daran nichts beschönigen, und ich kann es auch nicht länger für mich behalten. Dazu hat sie mir zu viel angetan. Ich finde, die Öffentlichkeit hat ein Recht, es zu erfahren, all die nichts Ahnenden, die sie für harmlos halten, vollkommen harmlos, so sehr, dass sie ihnen noch nicht mal im Gedächtnis haften bleibt.

Auch ich hatte lange Probleme, mir dieses Gesicht zu merken. Yvonne ist so verdammt unscheinbar, dass man sie einfach sofort wieder vergisst, bereits in dem Moment, in dem man mit ihr spricht. Man ahnt, dass man diese Person draußen in der Welt niemals wiedererkennen würde. Eine kleine graue Maus. Das dachte ich auch viel zu lange. Doch in Wahrheit ist Yvonne ein durchtriebenes Luder, mit allen Wassern gewaschen – obwohl sie doch ach so unschuldig wirkt. Die Unschuld in Person. Alle fallen darauf herein. Alle. Doch Yvonne Wirsing ist eine hinterhältige Schlange. Allein schon dieser Name! Wer denkt bei diesem unmöglichen, albernen Namen an etwas Böses?

Yvonne Wirsing hat mir alles weggenommen. Na ja, vielleicht klingt das etwas dramatisch, aber eigentlich ist es so. Yvonne hat alles bekommen, wofür ich gekämpft habe. Alles umsonst. *Ich* hatte einen Anspruch darauf, *mir* stand das alles zu. Mir. Nur mir. Ich hatte so viel dafür getan.

Yvonne Wirsing sieht immer so aus, als wäre sie nicht von dieser Welt. Aber was soll das eigentlich heißen: „nicht von dieser Welt"? Sie sitzt da und glotzt und starrt Löcher in die Luft; niemand weiß, wohin sie schaut oder was sie dabei denkt. Ich hatte bislang immer angenommen, dass sie *gar nichts* denkt. Dass in ihrem Kopf einfach *nichts* ist. Doch das war ein Fehler, wie sich jetzt herausstellt.

Sie wirkt immer ein bisschen ... wie soll ich sagen? ... beschränkt. Aber mit dieser Masche hat sie uns alle getäuscht. Gute schauspielerische Leistung. Sie hätten Eva, meine beste Freundin, mal hören sollen, als ich ihr erzählte, dass Yvonne sich den Job unter den Nagel gerissen hatte. Eva war völlig von den Socken. Im Grunde musste ich ihr aber erst einmal erklären, wer Yvonne überhaupt ist. „Was?“, sagte Eva dann, als es ihr langsam dämmerte. „*Die*? Diese graue Maus?“

Ja, die. Diese graue Maus.

Wissen Sie, Yvonne wirkt immer so, als bekäme sie gar nicht richtig mit, was um sie herum geschieht. Ich kenne sie eigentlich schon seit Jahren, weil sie immer auf Partys und Geburtstagen herumlungert, als eine Art gewohntes Anhängsel, so ähnlich wie Mobiliar, etwas, das zwar vorhanden ist, aber nicht weiter auffällt. Heute denke ich, dass sie eine Schmarotzerin war, die von Anfang an alles geplant hat.

Sie sprach nie viel. Ich wusste von ihr eigentlich nur, dass sie so einen Job in einem Kiosk hatte, Sie wissen schon, Eis und Zigaretten und die *BILD*-Zeitung verkaufen. Ich dachte immer, das passt zu diesem Mädel. Nichts Anspruchsvolles. Aber eigentlich habe ich nie besonders viel über sie nachgedacht. Sie war immer da, saß irgendwo rum und lächelte blöde. Sie war der Typ, der anderen Kaffee kocht, ohne zu murren, oder den man getrost zur Tankstelle schicken konnte, um Nachschub zu besorgen, wenn das Bier ausgetrunken war. Ich glaube, eigentlich war uns schon klar, dass wir sie ausnutzten – aber wir trösteten uns immer damit, dass sie es ja gerne tat. Was sollte sie auch sonst tun, und irgendeine Aufgabe braucht doch jeder Mensch. Sie war nicht gerade die eloquente Rednerin, wenn Sie wissen, was ich meine, und sich mit ihr zu unterhalten, war manchmal anstrengend. Sie faselte dann etwas über ihre Blumen zu Hause und so langweilige Sachen. Noch nicht einmal schöne Blumen, sondern so skurriles Zeug wie „Lebende Steine“, das passt zu ihr. Ich habe ehrlich gesagt auch nicht oft versucht, mit ihr zu reden. Ich glaube, ich konnte sie nicht besonders gut leiden. Jetzt erst recht nicht. Jetzt hasse ich sie.

Und sie war mir auch ein bisschen unheimlich. Einmal geriet ich durch Zufall in diesen Kiosk, in dem sie früher arbeitete. Zuerst war ich richtig erschrocken, sie dort zu sehen. Ich war in Eile und wollte nur eine Zeitung kaufen. Ich kann ja keinen Tag ohne eine vernünftige Zeitung leben, und ich war gerade dort in der Gegend. Ich glaube, ich kaufte *DIE ZEIT*. Yvonne ist nicht gerade die Person, bei der man stolz wäre, sie zu kennen. Im Gegenteil. Man ist geneigt, so zu tun, als wäre man ihr noch nie im Leben begegnet. Ich war also erschrocken, als ich sie erkannte, und sagte, leicht peinlich berührt: „Ach – du hier? Hallo."

Dort, in diesem muffigen, kleinen Kiosk, war sie wie ausgewechselt, ganz anders als auf Partys, darüber war ich auch erschrocken. Normalerweise bekam sie ja eher den Mund nicht auf und wirkte ein bisschen verhaltensgestört. Aber dort, in diesem schrecklichen Kiosk, war sie wie ausgewechselt, sie sprudelte sozusagen über – und wissen Sie, mit wem sie da die ganze Zeit so freundlich redete? Sie plapperte für ihre Verhältnisse richtig viel, ich dachte noch, das darf doch nicht wahr sein, *das* ist Yvonne? Mit so einer alten Omi. Es war nicht ganz klar, ob ihr völlig verfetteter Köter oder sie selbst mehr schnaufte. Diese alte Schachtel stank wie die Pest, hatte sich wahrscheinlich in die Hose gemacht oder seit drei Monaten nicht mehr gewaschen, ich weiß auch nicht, ich wollte es aber nicht näher ergründen, und ich konnte nicht verstehen, warum Yvonne sich freiwillig so lange mit ihr abgab – und mich dabei unverschämterweise auch noch warten ließ, dabei hatte ich es eilig.

Dort in diesem Kiosk hätte Yvonne Wirsing bleiben, dort hätte sie versauern und verschimmeln und bis zum Jüngsten Gericht die fetten Köter stinkender Omas tätscheln sollen. Allein bei dem Gedanken wird mir schlecht. Dort hat sie gut hineingepasst. Seien wir doch mal ehrlich. Es gibt wohl niemanden, zu dem der Job einer Produktionsassistentin schlechter passen würde als zu diesem nichts sagenden, verschüchterten Etwas. Produktionsassistentin, direkt dem Filmproduzenten Matthias Geiger unterstellt!

Kürzlich habe ich mitbekommen, dass Yvonne ihn auch noch duzt. Nicht, dass Duzen in der Filmbranche ungewöhnlich wäre, aber Matthias Geiger ist da normalerweise distanzierter. Wie lange war ich hinter diesem Job her. Ich habe dreimal ein Praktikum bei ihm gemacht, dreimal, obwohl ich mir das finanziell gar nicht leisten konnte, und ich hatte immer gehofft, dass Geiger mich übernimmt, aber nichts. Yvonne Wirsing als Produktionsassistentin! Das ist ja wohl ein Witz. Matthias Geiger muss geistig umnachtet gewesen sein. Vor ein paar Monaten hätte ich darüber noch herzhaft gelacht. Yvonne Wirsing, das unscheinbare Etwas! Die kann doch überhaupt nicht mit Leuten umgehen. Vielleicht gerade mal mit den alten Schabracken in ihrem Kiosk – aber doch nicht mit *solchen* Leuten.

Yvonne Wirsing hat alles an sich gerissen, was mir zustand. Ich will sie bestrafen. Ich weiß nur noch nicht, wie.

Yvonne

Mein Leben ist jetzt plötzlich so anders als vorher. Ich bin selten zu Hause, meistens nur zum Schlafen, und muss viel arbeiten. Alles hat sich verändert. Daran muss ich mich erst noch gewöhnen. Dazu brauche ich viel Zeit. Rita sagt, dass es jetzt viel besser sei, aber mir gefiel mein Leben vorher, auch wenn das niemand versteht.

Draußen ist es tagsüber jetzt schon viel wärmer. Die Luft riecht nach Frühling. Ich könnte die Lebenden Steine und die anderen auf den Balkon stellen, aber nicht in die pralle Sonne, die bekommt ihnen nach ihrem Winterschlaf noch nicht. Sie kriegen davon einen Sonnenbrand, genauso wie wir.

Ich vermisse die alte Frau Bauer, die jeden Morgen ihre Zeitung bei mir gekauft hat und immer am Mittwoch noch zusätzlich eine Illustrierte. „Ich muss doch wissen, was in den Königshäusern passiert", sagte sie immer und zwinkerte mir dabei zu. Frau Bauers Hund ist viel zu dick. Das habe ich ihr auch manchmal gesagt. Frau Bauer nannte mich immer „Kindchen". Vielleicht sollte ich sie einfach mal besuchen. Ja, genau, das mache ich. Ich werde ihr Blumen mitbringen.

Eigentlich fing alles mit Rita an. Rita war mir nie besonders aufgefallen, ich weiß nicht, ich achte nicht so sehr auf andere Menschen. Auf manche, wie Frau Bauer, natürlich schon, oder auf meine Cousine Sonja, mit der ich Tipps wegen der Pflanzen austausche. Aber ich achte nicht auf die Menschen, die offenbar die Aufmerksamkeit aller anderen auf sich ziehen. Ich weiß gar nicht, ob es wirklich so ist, aber ich vermute es. Ich glaube, alle finden Rita toll. Ich finde Rita ja auch toll, aber bei so vielen anderen Leuten ist das auch der Fall, und darüber wundere ich mich manchmal. Bis vor kurzem dachte ich ja noch, sie wäre mit all diesen Leuten, die sie fast schon anhimmeln, eng befreundet. Ich war erstaunt darüber, wie viele Freunde sie hat, aber sie versicherte mir, dass sie sie oftmals gar nicht kenne.

Auch bei Matthias, meinem neuen Chef, benehmen sich die meisten Leute sonderbar. Wenn er ins Büro kommt – in der Regel später als ich, ich habe dann schon Kaffee gekocht –, stehen die Leute, die ihn dringend sprechen müssen, schon vor seiner Tür Schlange. Manchmal frage ich mich, ob es wirklich so dringend ist. Na ja, aber vielleicht ist er auch so wichtig. Ich verstehe es nicht richtig. Mir selbst fällt bei Matthias eher auf, dass ich seine Hemden scheußlich finde. Das sage ich ihm allerdings nicht. Obwohl Rita neulich bemerkte, ich solle es doch mal tun. Vielleicht würde ihm das helfen, weil niemand sonst ihm jemals ein Sterbenswörtchen zu seinen Hemden sagt, auch Carlos nicht. Und ich sei doch eine so hilfreiche Person. Hilfreich? Wieso bin ich denn hilfreich? Wie meinte Rita das? Manchmal denke ich, ich komme von einem anderen Stern.

Rita begann damals plötzlich, sich für meine Pflanzen zu interessieren. Es ist ja gar nicht leicht, sie zu pflegen, auch wenn sie als sehr genügsam gelten. Trotzdem muss man sich um sie kümmern und sich Gedanken über sie machen. Es sind kleine, eigenständige Wesen. Im Winter brauchen sie eine strenge Ruhezeit, im Frühjahr dann viel Licht und frische Luft. In der Natur ist oft die Nebelfeuchtigkeit für lange Zeit, manchmal sogar für Jahre, ihre einzige Wasserquelle. Es rührt mich immer zu Tränen, wenn ich daran denke, wie schwer sie es in ihrer Heimat haben. Man kann sich mit den Pflanzen ja richtig intensiv beschäftigen. Sie sind sehr anspruchslos und bescheiden. Ich glaube, deshalb mag ich sie auch so, ihre dicken, fleischigen Blätter, und fühle eine enge Verbundenheit zu ihnen.

Ein bisschen wunderte ich mich über Ritas Interesse für die Pflanzen. Ich wunderte und freute mich zugleich. Wer interessiert sich sonst schon für Lebende Steine – der Fachausdruck ist Lithops, und sie gehören zu den Mittagsblumengewächsen – außer Sonja, meiner Cousine, natürlich. Manchmal beneide ich Sonja. Sie kriegt ihre Sukkulenten viel besser hin als ich. Meine Cousine Sonja ist eine hingebungsvolle Sukkulenten-Pflegerin. Sie sieht sie an – und es geht ihnen gut. Ich habe mich schon immer gefragt, wie sie das macht. Sonjas Sammlung auf ihren Fensterbänken ist einzigartig. So üppig!

Rita wollte gar nicht mehr aufhören, darüber zu reden, es war auf Katrins letzter Geburtstagsfeier. Ich erzählte ihr natürlich gerne von den Pflanzen. Wann bietet sich dazu schon die Gelegenheit, außer natürlich mit Sonja? Mich fragt normalerweise niemand danach. Aber Rita fragte immer weiter und wollte alles Mögliche wissen; ich hatte das Gefühl, dass sie wirklich darüber sprechen wollte und nicht bloß höflich war, und sie sah mich dabei so merkwürdig an. Aus irgendeinem Grund waren wir in Katrins Speisekammer gelandet, die von der Küche abgeht, dort war es natürlich sehr eng. Der Rest der Wohnung war voller Menschen, unglaublich viele, in beiden Zimmern, im Flur, sogar im Badezimmer. Rita saß auf der Bier- und ich auf der Wasserkiste. Nur ab und zu steckte jemand den Kopf in die Kammer und bat um eine Flasche Bier. Rita musste dann aufstehen. Eine Frau, die ich vom Sehen kenne und die früher auch mal in meinem Kiosk war, kam übrigens ständig und blickte zu uns in die Kammer, aber ohne etwas zu sagen. Ich weiß sogar noch, welche Zeitschrift sie damals im Kiosk kaufte: die neue *FÜR SIE*. Ich weiß das noch so genau, weil es ein Mittwoch war, die *FÜR SIE* erscheint immer am Mittwoch, und weil Frau Bauer an diesem

Tag auch ihre Illustrierte wegen der Königshäuser kaufte. Diese Frau, die dauernd zu uns in die Kammer blickte – ich hatte das Gefühl, es ging ihr gar nicht um die Bierflaschen, die sie immer holte, sondern um etwas anderes. Aber vielleicht bilde ich mir das auch nur ein. Was soll an einer Speisekammer schon so interessant sein?

Dass Rita mich so merkwürdig ansah, ich kann das gar nicht anders beschreiben. Ich habe es gar nicht verstanden, es fiel mir nur irgendwann auf. Und sie rückte dabei auch immer näher zu mir, so nah, dass ich aus Versehen manchmal gegen ihre Beine stieß, eigentlich kein Wunder, denn Speisekammern sind gewöhnlich nicht sehr groß, und mich dann immer entschuldigte. „Du musst dich doch nicht entschuldigen", sagte Rita dann jedes Mal. Sie sprach auch ganz anders als sonst, viel leiser und tiefer. Trotzdem war es doch komisch, dass ich sie dauernd anrempelte. Ich dachte, es wäre meine Schuld. Ich weiß, dass ich ein bisschen ungeschickt und tollpatschig bin. Das war ich schon immer. Irgendwann gab ich die Hoffnung auf, dass sich das jemals ändern würde. Und während ich darüber noch nachdachte – schon meine Mutter sagte früher immer „du Trampeltier" zu mir –, küsste mich Rita dann plötzlich mittendrin. Einfach so.

Nach dem Kuss sagte sie: „Deine Fette Henne möchte ich gerne mal sehen. Zeigst du sie mir?"

Fette Henne, das ist eine Sukkulente. Meine ist besonders groß und prächtig. Sogar Sonja ist neidisch auf sie.

Doris

Wissen Sie, Sie müssen sich das so vorstellen: Yvonne Wirsing, dieses unscheinbare Etwas – wenn ich darüber nachdenke, könnte ich ja bei diesem dämlichen Namen schon richtiggehend hysterisch werden, *Wirsing*! Yvonne Wirsing! Ein Fräulein Wirsing hat mir alles weggenommen! Und genau so ist sie, wie stinkender Arbeiterfamilien-Kohl. Ekelerregender Kohl, dessen Ausdünstungen aus den Türritzen der Proletarier-Familie, die ihn Tag für Tag kocht, dringen und das Treppenhaus verpesten.

Sie müssen sich das so vorstellen: Yvonne Wirsing, diese kleine graue Maus, war überall dabei. Wenn ich recht darüber nachdenke, war sie eine richtige Schmarotzerin, die sich überall dazumogelte und einschlich. Ständig traf man auf sie, ohne sie richtig wahrzunehmen. Ein bisschen zu fett, ein bisschen zu klein, Haarfarbe Kanalratte, daraus könnte sie auch mal mehr machen. Ich wette, sie hat noch nicht einmal das Wort „Fitness" je gehört.

Wir haben auch manchmal sehr über sie gelacht. Eva und ich und noch ein paar andere. Nicht so richtig bösartig und eher dann, wenn uns langweilig war. Ich gebe zu, das ist nicht besonders nett – aber andererseits, machen das nicht alle? Ein bisschen lästern über schräge Vögel? Es hebt die Stimmung, und es tut einfach gut. Yvonne Wirsing bot sich an. Und *Sie*, Sie hätten das auch getan. Stellen Sie sich eine kleine, moppelige Kreatur vor, die auf Partys freiwillig abspült, die Wohnung der Gastgeber aufräumt und ansonsten immer nur über komische Pflanzen redet. Sie hätten gedacht: Die tickt nicht richtig. Sie hätten auch über Yvonne gelacht. Und wie Sie gelacht hätten! Nein, Sie tun so etwas nicht? Dann denken Sie mal an Ihre Schulzeit zurück. Zumindest damals haben Sie es getan, darauf wette ich. Irgendein pickliges Mädchen mit Brillengläsern so dick wie Glasbausteine gab es auch in Ihrer Klasse. Sie wurde beim Mannschaftssport immer als Letzte gewählt und durfte nie Hosen tragen. Sie ließ von allen bereitwillig ihre Hausaufgaben abschreiben, das dumme Schaf, und war der gutmütige Klassentrottel. Auch Sie haben von ihr abgeschrieben und sie insgeheim belächelt und verachtet.

Ich habe so manches Mal über Yvonne Wirsing gelacht. Und es tut mir nicht Leid. Heute weniger denn je.

Ich vermute ja, alles begann auf Katrins Party vor ein paar Monaten. Das Unheil nahm dort seinen Lauf. Katrin kennt wahnsinnig viele Leute, ganz wichtige Leute – und ich meine jetzt: *wirklich* wichtige. Deshalb geht man natürlich gerne zu ihren Partys. Es ist immer mächtig voll in ihrer Zwei-Zimmer-Wohnung. Einladungen von Katrin sind etwas Besonderes, auch wenn sie selbst gar nicht so interessant oder beliebt ist. Ich wusste vorher, dass Rita Blumberg da sein würde, die Regisseurin. Sie ist tatsächlich nicht nur Regisseurin, sondern sieht dazu auch noch phantastisch aus und hat einen knackigen Body. Und Matthias Geiger, der Filmproduzent, würde auch da sein. Zumindest hoffte ich das. Was meinen Sie, wie oft ich mich schon mit Katrin abgegeben habe, in der Hoffnung, mit ihrer Hilfe wichtige Kontakte zu knüpfen? Und wie oft ist das schon schief gegangen. Wie oft musste ich mit ihr in Bars herumhängen? Meinen Sie, die wird irgendwann mal müde, nein, stattdessen wird sie im Laufe des Abends immer munterer, und statt der erwünschten Kontakte konnte ich mir Katrins endloses Gequatsche über ihr verkorkstes und unglückliches Liebesleben anhören. Mein Gott, wie die jammern kann! Wen interessiert schon, mit wem Katrin fickt oder nicht mehr fickt oder niemals ficken wird und sich deshalb am liebsten umbringen will, armes Trinchen, außer, dass es natürlich schön zum Weitertratschen ist.

Katrins Partys jedenfalls sind ein Muss. Ich hatte mich an diesem Abend ziemlich aufgebrezelt. Ich verfolgte die Absicht, Matthias Geiger zu umgarnen, drei Praktika in seiner Filmproduktion konnten doch nicht einfach umsonst gewesen sein. Ich hatte gehofft, mithilfe der Praktika einen Fuß in der Tür zu haben. Ich meine „umgarnen“ nicht in *diesem* Sinn, jeder weiß doch, dass Matthias stockschwul ist. Ich stehe auf Frauen, auch das weiß jeder, und darum ging es nie. Ich meine mit „umgarnen“, ihm zu zeigen, wie wichtig, wie fähig, wie unentbehrlich ich bin.

Schon lange träume ich von einer Produktionsassistenz, und ich habe es bereits mit vielen Mitteln versucht. Film, da will ich hin. Film ist für mich das Größte. Ich weiß, dass ich das kann. Ich weiß, dass ich dafür geschaffen bin. Ich und sonst niemand. Natürlich kenne ich die Privatnummer von Matthias Geiger. Das kann nicht jeder von sich sagen. Leider schien er aber nie besonders begeistert, wenn ich ihn zu Hause anrief, zum Beispiel am Wochenende. Er war immer sehr kurz angebunden, und fast hatte ich das Gefühl, als wollte er mich abwimmeln. Ich habe es trotzdem immer weiter versucht.

Mir war klar, dass auch Henriette Fingerhut zu Katrins Party kommen würde, die alte Schleimkuh. Ich kenne sie seit Jahren, und sie hat mir mit ihrer widerlichen Arschkriecherei schon etliche Connections vor der Nase weggeschnappt. Kein Wunder also, dass ich nicht begeistert davon war, sie auf Katrins Party zu sehen.

Henriette Fingerhut. Ich hatte immer gedacht, meine wahre Konkurrentin und Feindin, das sei sie. Wer rechnet denn auch schon mit dem kleinen Würstchen Yvonne? Dass mir ausgerechnet so jemand ins Gehege kommt?

Matthias Geiger trank ein paar Gläser mit mir an dem Abend, und anfangs war ich in bester Stimmung. Vielleicht hatte sich die ganze Plackerei ja doch gelohnt. Es *musste* einfach so sein. Ich beobachtete Henriette Fingerhut den ganzen Abend, doch sie stand weit vom Schuss in einer Ecke und schaffte es nicht in unsere Runde hinein, obwohl sie es ein paar Male versuchte, was aber kläglich misslang. Fast tat sie mir ja Leid, wie sie dort in der Ecke stand, eine Bierflasche in der Hand, und von der Gastgeberin Katrin in Beschlag genommen wurde. Geschah ihr recht. Ich hatte mir Katrins Gequatsche schließlich schon oft genug angehört, um sie mir warm zu halten.

Und dann dachte ich: O mein Gott, es wird wahr, ein Wunder geschieht. Endlich. Matthias sprach davon, dass er für sein nächstes Projekt eine Assistentin suche. Er nimmt ja lieber Mädels als Jungs, weil er sich in die Jungs meistens verknallt und sein Freund ihm dann immer Stress macht. Das weiß ich von Birgit.

Für mich sah es gut aus an diesem Abend. Es sah so gut aus.

Yvonne

Ich muss jetzt richtig viel arbeiten, im Moment meistens sogar mehr als zehn Stunden am Tag. Das ist schon eine Umstellung, aber sie fällt mir gar nicht so schwer. Ich war ja schon immer geduldig und lasse mich nicht so leicht aus der Ruhe bringen; Matthias, mein Chef, sagt, das sei von unschätzbarem Wert.

Ich sehe Rita häufig bei der Arbeit, weil sie die Regisseurin des Films ist. Übrigens sagte Rita neulich, sie habe schon lange ein Auge auf mich geworfen, schon seit über einem Jahr. Komisch, das fiel mir nie auf. Aber auf solche Dinge achte ich wohl einfach nicht.

Rita hat mich gefragt, ob wir nicht zusammenziehen sollen. Ich habe ja noch nie mit jemandem zusammengewohnt, von meinen Eltern und Geschwistern und von den Pflanzen mal abgesehen. Pfötchen ist vor zwei Jahren an Nierenversagen gestorben.

Rita sagt manchmal zu mir: „Du bist so erfrischend natürlich." Ich weiß, sie meint das als Kompliment, sie strahlt mich dabei immer an – aber sind nicht alle Lebewesen natürlich? Manchmal denke ich, ich komme von einem anderen Stern.

Doris

Dass Yvonne Wirsing und Rita Blumberg jetzt ein Paar sind, das muss man sich mal vorstellen. Was soll das sein? *Die Schöne und das Biest*? Kann mir bitte mal jemand verraten, was Rita Blumberg von dieser langweiligen Schnepfe will?

Bei Yvonne Wirsing war ja immer fraglich, das sagt Eva auch, ob sie überhaupt auf Frauen steht. Ich würde da noch einen Schritt weiter gehen, nämlich, ob sie überhaupt weiß, was Sex ist. Es soll ja Menschen geben, die noch nie in ihrem Leben welchen hatten. Ich nahm immer an, sie sei so eine Person, absolut asexuell. Wenn überhaupt, dann ist Yvonne Wirsing die Sorte Frau, die anderen Frauen Kaffee kocht.

Aber wer weiß, vielleicht ist Rita Blumberg ja pervers und hält sie sich als kleine Haussklavin. Vielleicht muss Yvonne sich immer für sie mit nacktem Hintern auf ihre seltsamen Kakteen und das andere scheußliche Zeug setzen. Diese verkrüppelten, widerwärtigen Pflanzen, von denen sie immerzu spricht, das ist ja direkt manisch.

Über die faselte sie auch auf Katrins Geburtstagsparty unermüdlich. Ich habe es mit eigenen Ohren gehört. Rita Blumberg und sie saßen nicht wie normale Menschen in der Küche, sondern in der angrenzenden Speisekammer – das muss man sich mal vorstellen. So, als müssten sie sich verstecken. Die Speisekammer ist vielleicht einen Quadratmeter groß. Das erschien mir von Anfang an verdächtig, und so löste ich mich hin und wieder aus meinem Gespräch mit Matthias, um aus der Speisekammer neues Bier zu holen.

Rita und Yvonne hockten dort dicht aneinandergedrängt auf Getränkekisten, neben dem Schrubber und zwischen alten Putzlappen, und Yvonne Wirsing quasselte über ihre Krüppelpflanzen. Worüber auch sonst? Als ich das nächste und das übernächste Mal Bier holte – die ganzen Flaschen stellte ich einfach irgendwo in Katrins Wohnung ab –, war die Lage unverändert.

Irgendwann fiel es natürlich auf, wenn ich schon wieder in der Speisekammer nach dem Rechten sah. Als mich dann aber doch wieder diese Unruhe packte, diese dunkle Vorahnung, und ich dringend nachschauen musste, entdeckte ich plötzlich Henriette Fingerhut in der Küche. Sie stand vor der halb angelehnten Tür der Speisekammer, mit offenem Mund. Henriette, meine alte Erzfeindin, die schon lange scharf auf Rita ist. Und auf einen Job in der Filmproduktionsfirma. Sie starrte durch den schmalen Spalt, zwei Hände breit, und an ihrem Gesicht konnte ich erkennen, dass dort etwas Furchtbares geschehen sein musste.

Eigentlich rede ich mit Henriette schon seit Jahren kein Wort. In diesem Fall jedoch trat ich an sie heran und öffnete die Tür vorsichtig ein kleines Stück weiter.

Den entsetzlichen Anblick, der sich uns dort bot, Henriette und mir, werde ich lange nicht vergessen können. Rita Blumberg saß noch immer auf einer Getränkekiste – und Yvonne Wirsing saß auf Ritas Schoß. Rita Blumberg knutschte mit Yvonne Wirsing! Sie haben richtig gelesen: *knutschte*.

Wie konnte so etwas passieren?

Henriette stand genauso fassungslos da wie ich. Ich glaube, unsere Gedanken waren sich, trotz unserer alten Feindschaft, in diesem Moment sehr ähnlich. Rita Blumberg und Yvonnchen waren so in ihre Bierkisten-Küsserei vertieft, dass sie uns noch nicht einmal bemerkten. Erschüttert und sprachlos wandten wir uns ab und verließen beide die Küche.

Matthias Geiger war plötzlich unauffindbar, als wir in eines der Zimmer zurückkehrten. Ich suchte die Gastgeberin, die inzwischen völlig beschickert war und einen Schluckauf hatte, und fragte nach seinem Verbleib und ob er mir nichts hinterlassen habe, zum Beispiel die Bitte, dass ich ihn unbedingt bald anrufen solle, es sei dringend und sehr wichtig. Katrin hickste und sagte, Matthias Geiger habe die Party vor einigen Minuten mit einem jungen Mann verlassen und mich nicht erwähnt.

Das war für mich das Ende. Das Ende aller Träume.

Danach ging offenbar alles sehr schnell. Wirsing bekam den Job bei Matthias Geiger, wie ich von Birgit erfuhr, und Rita Blumberg und sie sind seitdem unzertrennlich. Es ist ein grauenhaftes, ein qualvolles Gefühl, die Dinge nicht beeinflussen zu können, sie nicht unter Kontrolle zu haben. Es ist grauenhaft, wenn die Dinge einfach entgleiten, ohne dass man selbst eingreifen kann.

Was soll so eine wie Yvonne Wirsing mit diesem qualifizierten Job? Sie ist wahrscheinlich sogar zu doof, um einen Eimer Wasser umzuwerfen. Und selbst, wenn sie das noch hinkriegen sollte – schließlich weiß ich, was bei der Produktionsassistenz zu tun ist, und das beherrscht sie nicht. Können Sie sich von so einer wie Yvonne Wirsing vorstellen, dass sie all diese Dinge, auf die es ankommt, organisieren kann? Und dass so ein kleines Mäuschen mit diesen schwierigen Leuten zu kommunizieren in der Lage ist, zum Beispiel mit Schauspielern? Das schafft sie nie. Dazu braucht es Fingerspitzengefühl und Einfühlungsvermögen. Und darüber verfüge nur ich.

Ich muss darauf warten, dass sie versagt und kläglich scheitert. Das wird dann meine Chance sein.

Matthias Geiger könnte ich aber vorher schon anrufen, unter seiner Privatnummer. Vielleicht jetzt sofort. Es ist zwar schon spät, gleich halb eins in der Nacht, aber Matthias ist bestimmt noch wach. Er wird sich freuen, mich zu hören, und vielleicht wird er mir bereits heute sein Herz über unfähige Mitarbeiterinnen ausschütten. Ich stehe dann bereit.

Wo bin ich?

Elisabeth schreckte aus dem Schlaf hoch, schweißgebadet und mit hämmerndem Herzschlag. Gleich würde das Pochen ihren Brustkorb sprengen, so wild gebärdete sich ihr Herz. Es dröhnte bis in die Fingerspitzen, quoll ihr pulsierend aus den Ohren heraus, es würde ihren Brustkorb in Fetzen reißen. Was für eine unvergleichlich große Schweinerei im frisch bezogenen Bett das wäre! Die Bettwäsche duftete so sauber.

Lag sie im Bett? Elisabeth wusste es nicht. Sie konnte nicht denken, da sie noch schlief. Sie wollte fliehen, sofort, doch ihre Gliedmaßen hinderten sie daran, denn sie gehorchten ihr nicht. In Elisabeths Kopf formten sich Worte und Grammatik zu einem kurzen, aber vollständigen Satz – also musste sie wach sein. Der Satz lautete: *Wo bin ich?*

Sie sprang aus dem Bett, stürzte nach vorn und stieß sich den Kopf an einer harten Holzkante. Sie versuchte, sich im Dunkeln zu orientieren – dunkel, hier war es stockfinster, und alles so fremd. Sie trat auf ein Knäuel. Es fühlte sich weich und pelzig unter ihren Füßen an, wie ein dickes, puscheliges Tier, über das sie fast gestolpert wäre. Es bewegte sich nicht. War es tot? Elisabeth schreckte zurück; ihre nackten, schutzlosen Fußsohlen brannten nach der Berührung vor Ekel.

Sie wollte aus dem Raum eilen, dort war eine Tür, weg von dem Tier am Boden, weg von der Holzkante – und dann erwachte sie endlich.

Sie hatte sich den Kopf an ihrem eigenen Kleiderschrank gestoßen. Das tote Tier am Boden – in Wirklichkeit war es ein achtlos dahingeworfener Haufen Kleidung. Ihre eigene Kleidung.

Elisabeth befand sich in ihrem Schlafzimmer. Sie kam zur Besinnung. Endlich, die Umgebung war ihr wieder vertraut. Sie war zu Hause. Der Rollladen war vollständig heruntergelassen, kein noch so schwacher Lichtschimmer drang in das Zimmer. Elisabeth verfluchte sich selbst dafür. Sie war spät nachts erschöpft von einer kurzen Geschäftsreise zurückgekommen und gleich eingeschlafen. Die dunklen Fenster hatte sie in ihrer Müdigkeit nicht bemerkt. Sie hätte sich besser kennen sollen. Finsternis hatte sich wie ein Sargdeckel über den Raum gelegt, und davon war sie erwacht.

Am nächsten Vormittag war die Dunkelheit verschwunden und hatte gleißendem Sonnenschein Platz gemacht, der alles in freundlichem Licht erscheinen ließ. Die Lebensgeister regten sich, es war ideales Wetter, um zu verreisen. Übermorgen würde es so weit sein, übermorgen würde sie aufbrechen.

Elisabeth wartete bei ihrem Friseur ungeduldig darauf, endlich an die Reihe zu kommen. Sie hatte noch so viel zu erledigen. Sie spürte die wachsende Unruhe in sich und führte sie darauf zurück, dass sie selten verreiste. Sie hätte es gern öfter getan, doch widrige Umstände verhinderten es meist. Darüber hinaus war sie aufgeregt, weil es sich um die erste gemeinsame Reise mit ihrer neuen Flamme Susanne handelte. Sie kannten sich erst seit wenigen Wochen, eine ganz junge, noch zarte Liebe. Susanne war im Gegensatz zu ihr ein Reise-Profi – die Sorte Mensch, die lieber unterwegs als zu Hause war. „Lass uns wegfahren!“, hatte sie gesagt, und begeistert hatte Elisabeth zugestimmt. Sie selbst stellte sich Verreisen schön vor, aber nur, solange der Termin nicht unmittelbar bevorstand.

Gedanklich verreiste Elisabeth gern, sie plante und träumte davon, solange die Reise noch in weiter Ferne lag. Unermüdlich schmiedete sie dann Pläne, vom Wandern, vom Baden im Meer und von südlichen Sonnenuntergängen. Näherte sich der Zeitpunkt der Abreise jedoch, schrumpfte die Freude merklich zusammen und wich etwas anderem. Einem unguten Gefühl. Elisabeth sprach nie darüber, und erst recht hatte sie Susanne nichts davon erzählt, ihrer neuen Liebe, der sie sich im günstigsten Licht präsentieren wollte. Alle Menschen verreisten gern und konnten es kaum erwarten, endlich aufzubrechen. Wenn sie wieder zu Hause waren, spielten sie sich als Marco Polos auf. Reisen bedeutete Lebensfreude.

Sieben Tage vor der Abreise konnte Elisabeth es noch ignorieren. Sechs, fünf und vier Tage davor wurde ihr langsam mulmig. Der Count-down wurde eingeleitet. Drei, zwei und einen Tag vor der Abreise spürte sie das Unausweichliche übermächtig. Lästige Verdauungsprobleme ereilten sie. Fieber kündigte sich an.

Susanne und sie hatten ein verlängertes Wochenende im Alpenhotel Aurora geplant, doch Elisabeth benahm sich so, als würde sie für mindestens vier Wochen verreisen. Sie hatte endlose Listen angefertigt, auf denen alles, restlos alles aufgeführt war, das vor der Abreise dringend erledigt werden musste. Der Friseurbesuch besaß oberste Priorität und war noch wichtiger als der Kauf einer neuen Reisetasche.

Ihr Friseur ließ sie diesmal besonders lange warten. Elisabeth dachte an den Film *Arachnophobia*, den sie gestern Abend direkt vor dem Einschlafen im Fernsehen gesehen hatte. Vielleicht war das ein Fehler gewesen. Der Feind ungestörter Nachtruhe. Spinnen, die Menschen durch Bisse töteten, sich rasend vermehrten und die Weltherrschaft anstrebten. Die Beklemmung der vergangenen Nacht wurde plötzlich wieder gegenwärtig. An Elisabeths Panik, die sie mitten im Schlaf hatte aufschrecken lassen, konnte nicht allein die vollkommene Dunkelheit des Zimmers schuld gewesen sein.

Selbstvergessen schnipselte der Friseur an einem anderen Kopf herum, es würde noch dauern. Um sich abzulenken, griff Elisabeth nach der erstbesten Zeitschrift, die sie auf einem kleinen Tisch in der Wartezone vorfand. Ein Magazin über Psychologie, nicht ihre bevorzugte Lektüre. In dieser älteren Ausgabe widmete es sich hauptsächlich unterschiedlichen Angsterkrankungen, Phobien genannt. Elisabeth begann zu lesen. In der alphabetischen Auflistung fand sie schnell die „Arachnophobie", die Angst vor Spinnen, der

der gestrige Film seinen Titel verdankte. Einige andere Phänomene waren ihr ebenfalls bekannt, die „Acrophobie", Angst vor der Höhe, die „Agoraphobie", die Angst vor dem Überqueren eines freien Platzes, die „Klaustrophobie", Angst vor engen Räumen. Offenbar konnte sich alles zur Krankheit entwickeln. Angst vor Hunden, vor Pferden, vor Schlangen, vor Frauen.

Neben diesen bekannten Angst-Klassikern schien im Dickicht des Dschungels der Ängste eine ungeahnte Artenvielfalt zu existieren. Von manchen hatte Elisabeth noch nie etwas gehört. Sie las fasziniert: Angst vor Blumen. Angst vor Hässlichkeit, Angst vor einem 8-förmigen Gegenstand, Angst vor Dingen, die sich an der rechten beziehungsweise linken Körperhälfte befinden. Angst vor asymmetrischen Dingen. Angst vor symmetrischen Dingen. Elisabeth konnte nicht glauben, was sie da las. Angst vor guten Neuigkeiten. Angst vor der Farbe Lila. Angst vor Grabsteinen. Angst vor Wolken. „Arachibutyrophobie", die Angst, dass Erdnussbutter am Gaumen kleben bleibt. Nicht zuletzt: „Panophobie" – die Angst vor allem.

Elisabeth durchrieselten wohlige Schauer, eine Naturforscherin beim Betrachten exotischer Insekten. Sie war gefesselt von so viel geballter Angst, von diesem Panoptikum bizarrer Bedrohungen. Alltägliche Dämonen, die überall lauerten, im Blumenladen an der Ecke oder am Himmel über der Stadt. Im Stillen belächelte sie diese Ängste; sie machten denjenigen, die darunter litten, das Leben sicher sehr schwer, da sie allgegenwärtig waren.

Elisabeth musste diese Zeitschrift besitzen. Sie war schon drei Monate alt, sie würde sie nirgends mehr kaufen können. Als sie sich unbeobachtet glaubte, steckte sie das Heft schnell in die Tasche.

Punkt zwei auf der Liste war die Reisetasche. Elisabeth erledigte alles an diesem Tag und fuhr direkt nach dem Friseur zu einem großen Kaufhaus.

Sie hatte die mahnende Stimme ihrer neuen Flamme Susanne im Ohr: „Kauf dir endlich eine neue Reisetasche! Deine alte fällt ja schon auseinander. Zum Verreisen braucht man anständiges Gepäck. Am besten, du kaufst dir einen Koffer mit Rollen."

So hatte die Reise-Expertin gesprochen. Elisabeth war von dem vorlauten Ton überrascht, den Susanne angeschlagen hatte, obwohl sie sich erst wenige Wochen kannten. Elisabeth hörte sie über ihren letzten Urlaub auf Kreta schwärmen. Susanne hatte nur den Flug gebucht, war nach der Ankunft auf eigene Faust losgezogen und hatte jede Nacht an einem anderen Ort geschlafen. Ein Albtraum für Elisabeth – nicht zu wissen, worauf sie abends ihren Kopf betten würde.

Ratlos stand sie im Kaufhaus in der Taschenabteilung vor der unüberschaubaren Auswahl an Reisetaschen.

„Darf ich Ihnen vielleicht helfen?" Die Verkäuferin, die lautlos aus dem Nichts aufgetaucht war und jetzt strahlend neben ihr stand, schreckte Elisabeth aus ihren Gedanken. Das Namensschild an ihrer Bluse wies sie als Frau Frey aus. Sie hatte sie vermutlich schon die ganze Zeit beobachtet, ihre Unschlüssigkeit mit untrüglichem Instinkt gewittert und sie als leichte Beute ins Visier genommen.

„Sehen Sie, wie wäre es denn mit dieser hier?" Frau Frey hielt ein Ungetüm hoch. Die Tasche war knautschig und olivgrün, und sie erinnerte Elisabeth an die Bundeswehr. „Wohin soll die Reise denn gehen?", fragte Frau Frey. „Fahren Sie in Urlaub? Sie Glückliche. Wie lange fahren Sie denn weg? Ach, ich beneide Sie. Oder vielleicht doch besser einen Trolley? Die werden heutzutage ja am meisten gekauft."

„Trolley?"

„Ein Koffer zum Ziehen. Mit Rollen. Ist gut für den Rücken."

Elisabeth hatte sich für die Reise mit Susanne in die Alpen bereits Wanderstiefel gekauft, die ersten ihres Lebens. Schwere, klumpige Klötze waren das, die wie Blei an den Füßen hingen. Sie würden niemals in eine Reisetasche passen. Fünf Tage würden sie verreisen, von Donnerstag bis Montag. Sie würden im Alpenhotel Aurora absteigen, drei Sterne. Alles war gebucht.

Misstrauisch betrachtete Elisabeth den Koffer auf Rädern, den Frau Frey ihr soeben vorführte. Begeistert öffnete die Verkäuferin alle Reißverschlüsse und kommentierte jeden Seitenschlitz langatmig und ausführlich.

„Sehen Sie?", sagte sie. „Diese komfortablen, kleinen Taschen hier vorn, da können Sie Sachen reinstecken, die Sie unterwegs mal schnell brauchen. Zeitschriften, Bücher. Oder den Reiseführer."

Plötzlich brach Elisabeth der Schweiß aus. Hier im Kaufhaus war es viel zu heiß. Ihr armes Herz wummerte so stark, dass Elisabeth sich ernsthaft darum sorgte. Spürten denn die anderen Leute die erdrückende Hitze nicht? Die Verkäuferin lächelte noch immer, sie hatte damit gar nicht aufgehört, und sie wirkte ganz proper, wie eine Nachrichtensprecherin oder eine adrette Flugbegleiterin. Fliegen. Flugzeug. Verreisen. Heute war bereits Dienstag. Übermorgen war es so weit.

„Und hier innen", sprach Frau Frey gut gelaunt weiter, „hier innen finden Sie außerdem diese Extrataschen vor. Für Vitamintabletten oder die Bürste, oder was man sonst noch so braucht." Sie zog die Reißverschlüsse auf und zu und strahlte dabei. „Oder für eine kleine Reiseapotheke, falls Ihnen mal nicht gut ist."

Das Schwitzen, es fühlte sich genauso an wie letzte Nacht. Was war nur mit ihr los? Wenn ich doch erst nächste Woche verreisen müsste, dachte Elisabeth, nächste Woche, und nicht schon übermorgen. Übermorgen! Und da lag es plötzlich klar und deutlich vor ihr: Sie wollte nicht weg. Sie wollte zu Hause bleiben. Aber wie sollte sie das Susanne erklären?

Akribisch hatte Elisabeth alle notwendigen Vorbereitungen getroffen. Sie hatte unzählige Waschmaschinen gefüllt, denn sie wollte für jedes Wetter gerüstet sein, und sie hatte viel Zeit mit dem Bügeleisen verbracht. Frau Frey, so schien es, öffnete und schloss erneut alle Reißverschlüsse des Koffers. Oder handelte es sich bereits um ein anderes Modell? Dann demonstrierte sie, wie leicht sich der Koffer rollen ließ, kinderleicht, man spüre ihn gar nicht. Elisabeth würde im Hotel Aurora nicht schlafen können, plötzlich wusste sie das. Keine einzige Nacht. Wahrscheinlich wäre es in ihrem Zimmer zu laut. Elisabeth hasste es, in fremden Betten zu schlafen. Sie stellte sich Millionen von Milben vor, die in Hotelmatratzen hausten, Hunderte von fremden, scheußlichen Leuten, die vor ihr darauf geschlafen hatten, und alle ekelerregenden Tätigkeiten, die sie auf den Matratzen ausgeübt hatten.

Die Psychologie-Zeitschrift fiel ihr ein. „Bacteriophobie", die Angst vor Bakterien. „Mysophobie", Angst vor Ansteckung und Schmutz. Aber die Milben waren nicht das, was sie in Wahrheit schreckte. In Wahrheit war es die mögliche Dunkelheit, die sie fürchtete. Wahrscheinlich wäre es in ihrem Hotelzimmer viel zu dunkel. Susanne schlummerte in jeder Lebenslage selig, das hatte sie ihr erzählt – auch, dass sie es manchmal sogar mit einer Binde über den Augen tat, um es noch dunkler zu machen. Finster wie im Sarg. Susanne wäre morgens ausgeruht, Elisabeth hingegen gerädert und matt.

Gestern Abend war im Schlafzimmer der Rollladen vollständig heruntergelassen, ein unverzeihlicher Fehler. Das musste der Grund für den anschließenden Albtraum gewesen sein. Komplette Dunkelheit, nirgends ein Lichtschimmer.

„Und hier", sagte Frau Frey, „fühlen Sie doch das einzigartige Material! Das ist Qualität!" Sie drückte am Koffer herum, als wollte sie ihn durchblutungsfördernd massieren, um dann wieder im nächsten Moment sanft und zärtlich über seine Oberfläche zu streicheln.

Elisabeth wollte nichts über Frau Freys letzten Urlaub in Asien hören. Brüsk unterbrach sie sie in ihren Bemühungen und sagte: „Ich nehme den Koffer. Diesen hier. Zeigen Sie mir keine anderen mehr. Aber wissen Sie was?", aufmüpfig sah sie Frau Frey in die Augen, „Sie sind die Erste, der ich es erzähle. Ich verreise nicht gern. Ich hasse es. Ich bin am liebsten zu Hause."

„Oh", sagte Frau Frey. Sie wandte den Blick ab und wirkte peinlich berührt, sprachlos, so, als hätte Elisabeth etwas sehr Anrüchiges gesagt oder etwas, das unter anständigen Menschen laut auszusprechen verboten war. Dann sagte sie noch: „Trotzdem wünsche ich Ihnen einen schönen Urlaub. Sie haben eine gute Wahl getroffen."

Als sie nach Hause kam, las Elisabeth sofort wieder begierig in der Psychologie-Zeitschrift. Sie fand darin die Angst vor Eisenbahnen und die vor Flugzeugen, jedoch keine vor dem Verreisen. Elisabeth fürchtete weder Flugzeuge noch Eisenbahnen, und das bestätigte, was sie längst wusste: Sie erfreute sich bester Gesundheit. Sie war seelisch stabil.

Susanne rief an und fragte nach dem Stand der Vorbereitungen. Elisabeth antwortete, sie seien in vollem Gange. Einen Moment lang spielte sie mit dem Gedanken, Susanne vorzuschlagen, dass sie es sich am Wochenende doch auch zu Hause gemütlich machen könnten.

Nachdem sie aufgelegt hatte, begann sie mit dem Kofferpacken. Vielleicht etwas verfrüht, denn Donnerstag war erst übermorgen. Sie packte ihn mehrmals ein und wieder aus, weil ihr die Anordnung missfiel. Die Wanderschuhe unterzukriegen, stellte ein Problem dar. Beim Packen dachte sie daran, dass sie einmal vor Jahren Freunde auf dem Land besucht hatte. In der zweiten Nacht hatte sie sich schließlich an das Gästezimmer gewöhnt, doch in der ersten war sie mitten in undurchdringlicher, tintiger Schwärze aufgeschreckt, orientierungslos, schweißgebadet und mit hämmerndem Herzschlag. Sie hatte nicht gewusst, wo sie sich befand, war aufgesprungen, hatte die falsche Tür im unbekannten Haus erwischt und war die Treppe hinuntergepoltert. Unten angekommen, war sie dann endgültig erwacht.

Elisabeth traf eine Entscheidung. Ein höchst unangenehmer Anruf stand ihr bevor. Und das auch noch bei Susanne, der neuen Liebe, Susanne, der Weltenbummlerin. Sie würde sich tausendfach bei ihr entschuldigen, ihr versichern, dass sie natürlich trotzdem ihren Anteil zahlen würde, und sie darum bitten, die herrlichen Alpen auch ohne sie zu genießen. Aber sie sei leider erkrankt. Ja, ganz plötzlich. Ja, ernster. Und in der Tat fühlte Elisabeth in diesem Augenblick das Fieber herannahen. Sie verlöre eine Menge Geld, die Wanderstiefel, die Fahrtkosten, das Zimmer im Hotel Aurora – aber sie war daheim.

Sie könnte ja auch bald verreisen. In ein paar Wochen. Im Sommer. Ein Liebesurlaub mit Susanne, ihrer neuen Flamme. Oder nächstes Jahr. Ausgestattet war sie dafür, mit ihrem neuen Koffer auf Rollen.

In dieser Nacht schlief Elisabeth gut, denn sie wurde umhüllt von der Gewissheit, dass sie sich zu Hause befand, in ihrem eigenen Bett. Sie wusste genau, wo sie war. Daheim.

Outdoor Adventure

Sie hatte es bereits angekündigt und dabei gekichert und unanständige, schmatzende Geräusche gemacht. Mich hatte sie schockiert – schüchtern, wie ich bin. Aber ich konnte es einfach nicht ernst nehmen. Bestimmt wollte sie mich damit nur ärgern. Und sie wollte sich daran weiden, dass ich mich nur allzu schnell von ihr ärgern und quälen ließ, und zwar immer.

Ich war mächtig in sie verschossen, es war ganz plötzlich passiert. Diese Sorte sexueller Anziehungskraft lässt wenig Raum für andere Gedanken; alles wird ganz heiter und leicht, sogar die Stromnachzahlung und Post vom Finanzamt. Auch Verwandtschaftstreffen und Arbeitskollegen lassen sich plötzlich ertragen. Es ist immer Sommer, immer Sonne im Herzen, und vor allem ist es so, als schiene die Sonne beständig brüllend heiß auf *das da unten*. Dabei ist die Möse schon aus eigener Kraft heiß genug und gut durchblutet.

Renate war eine kleine Angeberin. Das merkte ich schnell, obwohl ich sie noch nicht lange kannte. Folglich tat ich all ihre ferkeligen Szenarien als Phantasie ab, reine Phantasie, nichts weiter. Schließlich beißen bellende Hunde nicht, oder? Obwohl ich zugeben musste, dass Renate ein recht temperamentvolles Wesen hatte. Beängstigend temperamentvoll. Ich selbst bin ja, wie gesagt, eher schüchtern.

„Warte nur", sagte sie eines Tages. „Warte nur, bis wir zusammen an die Ostsee fahren!"

Was soll denn an der Ostsee groß passieren?, fragte ich mich. Wir werden tagsüber Fischbrötchen und abends große Ostsee-Fischplatten essen, bis wir platzen. Wir werden Millionen glibberiger Quallen sehen. Abends werden wir, erschöpft von so viel

Natur, in unserem Pensionsbett liegen und noch ein bisschen vögeln – aber nicht allzu laut, wegen der anderen Touristen, denn denen würden wir schließlich am nächsten Morgen beim Frühstück begegnen.

Renate war sieben Jahre jünger als ich. Zu Beginn hatte mich diese Differenz gewaltig gestört. Ich war Anfang dreißig, also noch in einer Lebensphase, in der sieben Jahre Altersunterschied gravierend erscheinen, vor allem, wenn die andere jünger ist. Ein Kind! Man ist geneigt, der anderen ständig zu sagen: *Kleine, als ich so alt war wie du …*

Meistens war mir das aber egal. Der Sex mit Renate war himmlisch. Eine Offenbarung. Und überhaupt – dass ich nach einer sehr langen Flaute endlich wieder eine anständige Sexfrequenz hatte! Zwar war es mir etwas unangenehm, dass Renate mich manchmal auf offener Straße schamlos befummelte – das gehörte doch nach Hause, ins Bett! –, aber dank meiner Strenge und Autorität gelang es mir immer, sie in die Schranken zu weisen.

Ich freute mich auf eine ganze Woche Ostsee mit meiner Kleinen. Wie ein ausgelassenes Fohlen oder ein ungestümes Kälbchen würde dieses bezaubernde Geschöpf am Strand herumtollen, zu meinem Wohlgefallen.

Das Wetter war traumhaft, die Ostsee tiefblau. Hiddensee wirkte wie eine Mittelmeerinsel. Oder war es in Wirklichkeit gar nicht so, und ich bildete es mir wegen meiner reizenden Begleitung nur ein? Dass es mit ihr noch anstrengend werden und sie mich bis an die Grenzen meiner Belastbarkeit führen würde, ahnte ich nicht.

Ich wollte an diesem heißen, ersten Urlaubstag zum Wasser, mich in den Sand legen und schlafen. Das stand mir zu. Wie lange schon hatte ich tagsüber kein Nickerchen mehr halten dürfen. Meiner Erinnerung nach gab es am Biotop *Strand* kaum eklige Insekten, die auf mir herumkrabbeln würden, weil der Wind sie alle fortwehte, so hoffte ich. Oben im Ort hatte ich noch keine bedrohlichen Monsterwespen entdeckt, die in Heerscharen einfielen, um sich auf den Kuchen – und vor allem auf mich! – zu setzen. Alles war zu meiner Zufriedenheit. Doch vielleicht wohnten unten im Sand kleine Springtiere mit unappetitlich vielen Beinen. Sandflöhe? Strandspinnen? Dünenschaben? Schlickkäfer? Ostseeasseln? Die Natur war so grausam. Ich hatte mich eingehend informiert. In meinem Hiddensee-Reiseführer hatte ich vor der Abfahrt gelesen, dass es in den Heidesümpfen ein Fleisch fressendes Gewächs gebe, den „Übersehenen Wasserschlauch“, der sich von Insekten ernähre. Außerdem, so war dort zu erfahren, solle man keinesfalls barfuß durch die Heide streifen, da der dortige Bestand an Kreuzottern beträchtlich sei. Befand ich mich hier im Dschungel? Und verirrten sich Kreuzottern manchmal an den Strand?

Leichtfüßig wie eine Bergziege hopste Renate die Stufen zum Strand hinunter. Ich folgte ihr, ein wenig schwerfällig, da ich um mein Gleichgewicht fürchtete. Der Reiseführer hatte es treffend beschrieben: Es handelte sich hier um eine Steilküste, und es ging mordsmäßig bergab.

Die Stufen waren so schmal, dass man sich nur im Gänsemarsch bewegen konnte. Wenn ich nicht gerade ängstlich auf meine Füße achtete, blickte ich auf Renates wunderschönen Hintern. Lecker! Ich hatte einen wirklich guten Fang gemacht. Renate sah toll aus. Ich war glücklich, das alles vor mir zu sehen, zum Greifen nah. Eigentlich schade, dass das Programm für die kommenden Stunden Wandern–Strand–Naturgenuss lautete und nicht Bett und Wilder Sex.

Als wir endlich unbeschadet unten angelangt waren, suchte Renate mit einem kühl-strategischen Blick ein günstiges Plätzchen für uns. Ich verstand ihre Verbissenheit dabei nicht, denn schließlich wollte ich nur liegen, träumen und dösen – und sie auch, oder? –, und es war doch ganz egal, wo wir das taten. Wir hätten uns überall hinlegen können. Aber aus Gründen, die mir zunächst verborgen blieben, missfiel Renate jeder Ort, den ich vorschlug. „Nein, nicht hier“, sagte sie, und die Rastlosigkeit trieb sie weiter.

Direkt am Wasser lagen überall gestrandete Quallen herum. Für den Bruchteil einer Sekunde war ich versucht, mit spitzem Finger ein Exemplar anzustupsen, um in Erfahrung zu bringen, wie es sich anfühlte. Durch den Sand zu stapfen, im Watschel-Slalom um die Quallenleichen herum, war sicher ungeheuer gesund für die Muskulatur und den gesamten Organismus. Gelassen trottete ich hinter Renate her, bis sie endlich verkündete: „Hier. Hier ist es gut." Erleichterung stieg in mir auf. Renate hatte sich für eine Art Mulde, eine Vertiefung im Sand, entschieden. Ich verstand nicht, worin sich dieser Ort von den anderen unterschied, aber ich hielt den Mund. Renates Wille war ihr Himmelreich, und ich würde endlich schlafen dürfen.

Sie berührte mich zart. Es war vergleichbar mit einem mittelkräftigen Luftzug. Oder mit einer zärtlichen Fingerübung auf der Klit, ganz am Anfang der lesbischen Karriere – nein, das stimmt nicht, ich tue Renate Unrecht. Keine Anfängerin. Es war geschickter, viel geschickter. Es war zart, kaum zu spüren, und zugleich überaus raffiniert. Es war delikat. Mich brachte es fast um. Nach außen war es wahrscheinlich so unauffällig und nebensächlich, dass es wirklich niemandem auffiel, nur mir, die ich dachte: Wir befinden uns in der Öffentlichkeit! Alle sehen das!

Renate erriet meine Befürchtungen, blickte mich an, lächelte und sagte: „Stell dich nicht so an, Kleine. Das sieht doch kein Schwein."

Die kleine Renate nannte mich *Kleine*!

Nachdem wir endlich diesen Platz gefunden hatten, den auch Renate goutierte, war von Schlafen keine Rede. Ich lag auf dem Bauch, Renate dicht neben mir. Sie hatte ihre Hand unter meinen Bauch geschoben; zuerst dachte ich naiv: Was fummelt sie denn da unten an meiner Hose herum? Und dann wanderte diese Hand resolut zu meiner Möse, was meinen Puls sofort beschleunigte.

Es waren keine kräftigen und zupackenden Hände, die mich dort am Strand von Hiddensee bearbeiteten. Nein, Renate trieb es zart. Schnell fand sie den Weg in meine orangefarbene, kurze

Freizeithose, die oben etwas zu weit war. Dem Himmel sei Dank, zu Zeiten der Verliebtheit bin ich so aufgeregt, dass ich nicht viel esse und meine Hosen am Bauch schlabbern. Ebenso schnell grabbelte Renate in meiner Unterhose herum. Sie strich mit einem Finger kaum merklich über meine Klit. Ich blickte zu ihr – sie lag unverändert auf dem Bauch, ihr Kopf auf der Seite, von mir abgewandt. Sie wirkte vollkommen teilnahmslos. Sie sah wahrscheinlich so aus, als sonnte sie sich entspannt und ganz harmlos in ihrem sexy Badeanzug. Was für eine durchtriebene Person! Ich lebte schon lange in der Großstadt und hatte nie einen Balkon mein Eigen nennen können. Ich war an Draußen nicht gewöhnt. Ich war so etwas Ähnliches wie eine Wohnungskatze. Was mich von Wohnungskatzen allerdings deutlich unterschied, war meine ausgeprägte Furcht vor Spinnen, Käfern, Würmern, Touristen und allerlei anderem Getier.

Zu meiner Überraschung ging es sehr schnell bei mir; bereits nach wenigen Minuten war ich völlig hochgekocht. Aber immer, wenn ich glaubte, gleich zu kommen, nur noch dieses eine Mal darüber reiben, noch einmal genau dieser Druck – immer dann hörte Renate einfach auf, und ihr Finger verweilte reglos auf meiner Klit. Manchmal berührte sie mich noch nicht einmal direkt, sondern ich ahnte und ersehnte ihre Berührung nur.

Wenn ich die Augen öffnete, sah ich, dass sie von mir abgewandt war, bis auf ihre Hand in meiner Hose, und dass sie ganz unbeteiligt wirkte. Immer, wenn ich dachte, ist sie noch da?, verstärkte ihr Finger den Druck. Inzwischen musste sie sich allerdings nicht mehr die Mühe machen, aus eigener Kraft zu reiben. Ich war so glitschig und patschig, dass ihr Finger, wenn er sich zu bewegen begann, von ganz allein glitt. Ihr Finger lag einfach da und rieb zart, wenn überhaupt. Renates Hand tat nichts anderes. Renates Hand ruhte sehr friedlich und war nur auf diesen einen Punkt konzentriert. Aber trotz der Leichtigkeit erschien es mir so, als stieße sie ohne Vorwarnung mindestens drei Finger zugleich in mich hinein. Wie sehr wünschte ich mir das, genau das. Wie sehr wünschte ich mir, von ihr ausgefüllt zu sein, von ihr genommen zu werden. Fick mich, Renate, los, mach schon. Geh rein! Geh ganz in mich rein. Aber das war unmöglich, und ich wusste es. Die Spezies *Tourist*, die den Lebensraum Strand zu weiten Teilen für sich in Anspruch nahm, hinderte uns daran, auch wenn man ihr jetzt im Frühherbst nicht mehr so zahlreich begegnete.

„Beweg deinen Hintern nicht so!“, zischte Renate plötzlich mitten im Akt. Den Kopf hatte sie jetzt zu mir gedreht.

„Was?“, kam es aus mir heraus. Mehr nicht. Fast begann ich zu weinen. Ich war mit all diesen Gefühlen enorm beschäftigt. Renates Hand steckte vorn etwas verkrümmt in meiner Hose, mein Bauch und mein Becken quetschten ihren Arm, hoffentlich brach sie sich nichts, und einer ihrer Finger drückte von unten leicht auf meine Klit – und währenddessen sah sie mich auch noch an. Ich war rettungslos verschossen.

„Lass deinen Hintern unten. Und halt ihn gefälligst still!“, ermahnte mich Renate scharf. „*Das* sieht man, alles andere nicht.“

Wahrscheinlich hatte sie Recht. Ich lag ja auf dem Bauch, eine Position beim Sex, die mir durchaus sehr behagt, und ich meinte mich nun auch daran zu erinnern, dass ich ab einem gewissen Stadium tatsächlich mein Becken heftig bewegt hatte, nämlich auf und ab. Das war am Strand nicht sehr schicklich. Zwar lagen wir in dieser Kuhle – trotz langer Leitung hatte ich schließlich die Motive und die Gründlichkeit meiner Liebhaberin bei der Wahl des Ortes begriffen –, aber vorbeilaufende Strandspaziergänger würden auf diese Weise von unserem ansonsten geheimen Treiben vermutlich doch etwas bemerken. Mein Hintern, der auch noch in dieser orangefarbenen Hose mit Signalwirkung steckte, würde ihnen auffallen, wie er aus der Sandmulde emporragte, um dann sofort wieder in ihr zu verschwinden. Dies alles sehr schnell und in einem Rhythmus, der schwer zu missdeuten war.

„Du wippst die ganze Zeit schon“, flüsterte Renate. „Hör damit auf!“

„Ich halte still“, versprach ich, und beinahe gelang es mir auch, abgesehen von kleinen Ausrutschern. Einmal krabbelte ein schwarzes, käferartiges Tier direkt auf mein Gesicht zu, das brachte mich kurz aus dem Konzept. Dann stöhnte ich zwischendurch leise auf, was ich jedoch gleich selbst zensierte. Fortan blieb ich stumm. Bis zum Ende. Ich rührte mich nicht. Bei all den Verboten, schweigen, bloß nicht bewegen, auch nicht zucken, und der gleichzeitigen Vorstellung, Renate wäre überall in mir drin, kam es mir ungeahnt heftig.

Am zweiten Tag begaben wir uns an einen anderen Strandabschnitt, an dem lauter Nackte lagen und umherspazierten. Renate zog sich ganz selbstverständlich aus, legte sich hin und begann zu lesen.

Renate würde lesen. Heute drohte also keine Gefahr. Ich lag neben ihr auf dem Bauch, betrachtete ein hummelähnliches Brummtier, das etwa einen Meter vor mir in trägem Zick-Zack flog und für mitteleuropäische, gemäßigte Verhältnisse erschreckend groß war.

Komm mir nicht zu nahe!, dachte ich – im selben Moment sagte Renate mit unnachahmlicher Bestimmtheit: „Los, zieh dich aus."

Ausziehen? Draußen? In der Natur?

„Wenn du dich nicht ausziehst, dann tu ich es", sagte Renate.

Ich bemerkte an ihr wieder diesen Blick, der mir bereits am Tag zuvor aufgefallen war, nur die Andeutung eines Lächelns, eindeutige Gier. Ihre Augen wanderten zwischen meinen Brüsten und meinem Schoß hin und her, alles noch züchtig von Textilien umhüllt.

Ich tat, wie mir geheißen. An Renate kam ich nicht vorbei. Renates Wille war ihr Himmelreich – und vielleicht auch das meine. Sie wandte sich wieder ihrem Buch zu, ein dicker Wälzer von Gerhart Hauptmann. Hiddensee ist die Gerhart-Hauptmann-Insel, da dieser über etliche Jahrzehnte hinweg hier im Sommer residiert hatte. Das von Renate gekaufte Buch hieß, wie ich erst jetzt sah, *Buch der Leidenschaft*. Zur Vorsicht rückte ich lieber ein wenig von ihr ab.

Ich drehte mich um, auf die Seite, und blickte zum Wasser. Ein dickes Kind lief dort gelangweilt auf und ab und schwang kraftstrotzend einen Stock.

Renate lag jetzt hinter mir. An ihrem Atem erkannte ich, dass sie näher gerückt war. Sie breitete ein Handtuch über mein Becken und meine Beine, sehr sorgfältig und fürsorglich, und sagte laut: „Wegen der Sonne."

Ohne Ankündigung – oder gar Vorspiel – schob sie ihre Hand von hinten zwischen meine Beine, tastete einen kurzen Moment, fand schnell, wonach sie suchte, und stieß zwei Finger in mich hinein. Ich schnappte nach Luft und schloss die Augen.

„Damit du keinen Sonnenstich bekommst", sagte diese verderbte Person hinter mir leise und amüsiert. Ihre Finger fuhren in meiner Möse langsam vor und zurück. Ich öffnete die Augen wieder. Direkt vor meiner Nase stand eine Hummel, wie ein kleiner, brummender Hubschrauber.

Geh weg!, dachte ich.

„Komm", sagte Renate ganz leise und vögelte mich sanft, aber bestimmt. Sie hatte noch einen weiteren Finger hineingeschoben, vielleicht auch zwei, das vermochte ich nicht mehr zu unterscheiden.

Das dicke, gelangweilte Kind, keine zehn Meter von uns entfernt, stach mit dem Stock in gestrandete Quallen. Von ferne hörte ich die Eltern rufen: „Kevin! Geh da weg! Das ist ja eklig!"

Renates Finger steckten in mir, ganz unverblümt vögelten sie mich unter dem Handtuch. Das war die Fortsetzung von gestern, das, was ich mir gestern so sehnlich gewünscht hatte. Während Renate es tat, las sie mir laut Gerhart Hauptmann vor. Das Buch hatte sie an einer beliebigen Stelle aufgeschlagen. Vorlesen am Strand, sagte sie leise, wirke vollkommen unschuldig.

Ich verstand kein Wort von dem, was sie las. Ich musste mich beherrschen, um nicht laut zu stöhnen.

„Halt bloß die Klappe", sagte Renate, der die allmählich anwachsende Lautstärke der Töne, die aus meiner Kehle drangen, nicht entging. „Wir müssen es leise tun. Ich lese dir jetzt weiter vor, hör zu. Wo war ich?"

„Da", stöhnte ich, „da!" – obwohl es für mich schwer zu präzisieren war, denn es schien mir, als sei sie überall gleichzeitig.

„Ah ja", sagte Renate. „Ich hab's wieder. Hier ist die Stelle. Genau. Da war ich."

Renate und ich lagen unter der warmen Frühherbstsonne im Sand und lasen gemeinsam Gerhart Hauptmann, ein Naturalist. Sie vögelte mich weiter und weiter, sehr langsam, aber bestimmt. Währenddessen unterbrach sie das Vorlesen kein einziges Mal.

Später würde Renate beteuern, bei diesem Zitat habe es sich um reinen Zufall gehandelt. Sie sei schlichtweg mit der freien, rechten Hand auf dieser Seite gelandet, während ihre linke in meiner Möse beschäftigt war. Gibt es solche Zufälle? Genau in dem Moment, als ich kam, las Renate laut und deutlich vor:

„Ich bat meine Mutter um Entschuldigung."

Das hatte Gerhart Hauptmann, der Naturalist, geschrieben.

Der Rest der Woche verlief ähnlich. Mit Gerhart Hauptmann machten wir täglich größere Fortschritte, und ich als Stadtkind lernte die Natur kennen und schätzen. So verband sich ein wenig Inselkultur mit unserem eher urtümlichen Treiben. Wir besichtigten nie die Gerhart-Hauptmann-Gedenkstätte – dafür vögelten wir einmal spät in der Nacht, als es bitterkalt war, direkt am Fuße des Hiddenseer Leuchtturms im feuchten Gras, da, von wo aus der Wetterbericht im Ersten gesendet wird.

Kreuzottern bekamen wir übrigens während all dieser Tage nicht zu Gesicht. Eigentlich schade. Denn ich war nun gegen alles gewappnet. Gegen die Unbilden der wilden Natur. Künftig würde ich mich in Geschäften mit Namen wie *Globetrotter* oder *Outdoor* ganz wie zu Hause fühlen.

Ich wusste jetzt, worauf es draußen ankam.

Liebe und Fürsorge

Eine Haarsträhne war Agnes in die Stirn gerutscht.

Isabelle beugte sich über das Bett, strich die Haarsträhne vorsichtig zur Seite, zögerte kurz und küsste Agnes dann auf die Stirn. Zärtlich und sanft, nur ein Hauch.

Ihre Stirn war sehr warm, worüber Isabelle unsinnigerweise verwundert war, und sie roch frisch, so, als wäre sie gerade aus der Dusche gekommen – mit einer winzigen, darunter gemischten Spur Schweiß. Der schwache Schweißgeruch war nur auszumachen, wenn man ihn so gut kannte wie Isabelle, und statt einer unangenehmen Wirkung rief er eher die eines dezenten, beinahe verflogenen Parfüms hervor. Ein durchaus reizvolles Parfüm. Isabelle mochte diesen Geruch, hatte ihn immer gemocht.

Auf Agnes' Gesicht waren noch der Rest der Sonnenbräune vergangener heißer Junitage und vereinzelte Sommersprossen zu erkennen. Die Sommersprossen verliehen Agnes eine kecke Jugendlichkeit. Die Bräune erweckte den Eindruck vitaler Gesundheit. Beides stand im Kontrast zu ihren ausgemergelten, eingefallenen Wangen und den dunklen Schatten unter den Augen. Agnes Jungblut hatte sich in den letzten zwei Monaten verändert, und das machte Isabelle Angst.

Agnes schlief. Isabelle sah ihr gern dabei zu und empfand eine Zärtlichkeit, die ihr Herz erfüllte. Agnes schlief tief und fest und nahm nichts um sich herum wahr – nicht die eiligen Schritte draußen auf dem Flur, die ganz leise, gedämpft durch die Tür, zu hören waren, und auch nicht Isabelles Anwesenheit.

Oder merkt sie es doch?, fragte sich Isabelle, während sie Agnes betrachtete. Spürt sie ganz genau, wie ich sie ansehe? Weiß sie, was ich in diesem Moment denke?

Zwischen Agnes' Augenbrauen zeigten sich die beiden steilen Falten, die Isabelle so gut kannte und die meist schnell wieder verschwanden. Kaum dass Isabelle sich zu sorgen begann, wichen sie weichen, fast entspannten Zügen, die ihr Gesicht so liebenswert machten.

Hoffentlich hat sie schöne Träume, dachte Isabelle.

Aus der Nachttischschublade holte sie eine kleine Tube Hautschutzcreme heraus – teuer, viel zu teuer, wie alles, was Agnes besaß, ordinäre Nivea hätte es doch auch getan, dachte Isabelle –, schraubte sie auf, drückte einen weißen Klecks auf ihren Zeigefinger und rieb vorsichtig Agnes' Lippen damit ein. Ihre Lippen wurden in letzter Zeit schnell trocken und rissig. Sie sollten wieder weich werden, weich und geschmeidig, so, wie Isabelle sie kannte. Zum Küssen weich. Jemand musste sich um Agnes kümmern, darauf achten, dass es ihr gut ging. Jemand musste sich kümmern, und dieser Jemand war sie.

Der Nachttisch sieht so aus, als könnte er auch in den Zimmern der Kassenpatienten stehen, dachte Isabelle mit einer Spur Empörung, als sie die Schublade wieder verschloss. Sie wusste nicht genau, was sie erwartet hatte – wahrscheinlich exklusiveres Mobiliar, so wie bei Agnes zu Hause. Aber immerhin lag sie alleine in diesem großen Zimmer im obersten Stockwerk mit Blick auf den Park, sie wurde von niemandem gestört, und es war sehr still – bis auf die eiligen Schritte vor der Tür, die sich rasch wieder entfernten, und die Geräusche ihres Atems, der manchmal in leises Röcheln überging und an eine verkalkte Kaffeemaschine erinnerte.

Besorgt dachte Isabelle: Wasser, sie hat bestimmt Wasser in der Lunge. Sie sah zu den beiden Falten zwischen Agnes' Augenbrauen und drückte ganz leicht ihre Hand.

Es war abends kurz nach halb zehn, ein Tag mitten in der Woche. Die Nachtschwester Monika hatte vor einer Stunde ihren Dienst begonnen, in Agnes' Zimmer nach dem Rechten gesehen und Isabelle freundlich wie jeden Abend begrüßt. Routiniert hatte sie die Flasche am Tropf ausgetauscht und dabei in ihrer fröhlichen Art „Aufbaumittel, das sind nur Aufbaumittel" geflötet, so, als stünde sie hinter der Fleischtheke und platzierte mit lässigem Schwung noch zwei weitere Scheibchen Pistazienmortadella auf die Waage. Isabelle hatte Monika bei dieser Tätigkeit, die ihr in Fleisch und Blut übergegangen zu sein schien, beobachtet und ihre flinken, geübten Handgriffe voller Interesse studiert.

Bevor sie gegangen war, hatte Monika tröstlich Isabelles Arm getätschelt und gesagt, dass Frau Jungblut „tüchtig schlafen" solle. Sie würde das Zimmer in den nächsten Stunden nicht mehr betreten.

Isabelle strich über Agnes' Wange, erhob sich lautlos von ihrem Stuhl und trat ans Fenster. Das Licht im Zimmer war gedämpft, zu dunkel zum Lesen. Sie wollte es nicht verändern und Agnes damit möglicherweise aufwecken. Fürsorglich zog sie ihr die Bettdecke zurecht und achtete dabei sorgsam auf den Tropf, dessen Schlauch in Agnes' Handrücken führte. Isabelle ging leise im Zimmer umher. Die Cafeteria im Erdgeschoss, die vorzüglichen Kuchen anbot, war bereits seit Stunden geschlossen; sie kannte die Öffnungszeiten inzwischen genau. Trotzdem verließ sie das Zimmer – nicht ohne sich vorher noch einmal zu vergewissern, dass Agnes fest schlief –, ging durch den langen Flur und nahm dann die Treppen, nicht den Aufzug. Sie ging langsam. Sie hatte es nicht eilig. Jetzt nicht mehr.

Die Cafeteria, in der niemand mehr saß, wurde nur von einem dämmrigen Notlicht beleuchtet. Das Rouleau an der Theke war heruntergelassen. Isabelle zog sich einen Becher Kaffee am Automaten und ging damit zum Haupteingang. Der Mann an der Information blickte nicht auf, die große Glastür öffnete sich von selbst, und plötzlich fiel Isabelle ein, dass es sie als Kind immer entzückt hatte, wenn sie mit ihrem damaligen Fliegengewicht aus Leibeskräften vor solchen sich selbst öffnenden Türen stampfend auf- und niederspringen musste, damit sie reagierten. Isabelle war ein süßes Kind gewesen. Arglos und freundlich.

Sie trat mit dem Kaffee ins Freie. Direkt hinter der Tür befand sich ein eieruhrförmiger Sandkübel für Zigarettenkippen, der überquoll. Ein einsames Taxi mit eingeschaltetem Licht wartete vor dem Eingang, der Fahrer las Zeitung. Isabelle sah zum Himmel. Ein sternenklarer Abend, sogar hier in der Stadt. Wie würden die Sterne jetzt erst über der Insel am Himmel prangen!

Der Kaffee schmeckte bitter und scheußlich, doch das hielt Isabelle nicht davon ab, sich noch einen zweiten zu ziehen. Sie gehörte zu den Menschen, die auch nachts Kaffee trinken konnten, ohne sich danach schlaflos im Bett zu wälzen, was Agnes immer erstaunt hatte.

Agnes. Sie lag jetzt in ihrem Einzelzimmer und schlief, fünf Stockwerke über Isabelle, die sich mit dem zweiten Kaffeebecher wieder vor den Haupteingang gestellt hatte. Sie konnte nach oben zu ihrem Fenster blicken.

Plötzlich durchfuhr sie ein Schreck. Was, wenn sie in diesem Moment aufwacht, dachte sie, und ich bin nicht da?

Agnes wurden augenblicklich ganz andere Substanzen als Automatenkaffee zugeführt. So genannte „Aufbaumittel" – und Morphium. In welcher Dosis, wusste Isabelle nicht. Der Arzt hatte sich nie ganz klar ausgedrückt, obwohl Agnes schriftlich festgelegt hatte, dass Isabelle die Person sei, die jeden Anspruch auf Auskunft habe. Der Arzt hatte von einem „vorübergehenden Schub" gesprochen, was nichts Ungewöhnliches sei und öfter vorkomme, von einer kurzzeitigen Schwäche, und davon, dass Frau Jungblut bald wieder nach Hause könne, wenn die Medikamente richtig eingestellt seien und sie wieder zu Kräften gekommen sei. Wieder zu Kräften kommen. Deshalb die Aufbaumittel. Das Morphium bekam Agnes auf eigenen Wunsch, um die Schmerzen zu vergessen, und es machte sie schläfrig.

Nein, sie ist sicher nicht aufgewacht, dachte Isabelle. Und bestimmt hat sie schöne Träume.

Sie hatte mal aufgeschnappt – sie wusste nicht mehr, wo –, das Morphium schöne Träume bescheren würde, und dieser Gedanke beruhigte sie.

Agnes Jungblut und Isabelle hatten sich ein Jahr zuvor bei einer Zugfahrt nach Hamburg kennen gelernt.

Agnes Jungblut reiste gewöhnlich in der ersten Klasse, um sich nicht den vielen abstoßenden Menschen, Geräuschen und Gerüchen aussetzen zu müssen, aber an diesem Tag war der Zug so leer, wie sie erwartet hatte. Ausnahmsweise gönnte sie sich das stille, kleine Vergnügen, Geld zu sparen. Für sie kam das einem fremden und ungeahnten Luxus gleich, aus dem einfachen Grund, dass sie es nicht nötig hatte zu sparen, in ihrem ganzen Leben nicht, und deshalb war es so aufregend, wie ein kleiner Gewinn.

Anders als Isabelle. Sie fuhr immer zweiter Klasse. Sie hatte gerade ihr Psychologie-Studium in Münster beendet; erschöpft von den damit verbundenen übermenschlichen Strapazen war sie auf dem Weg nach Hamburg, um dort eine Freundin zu besuchen.

Agnes war ihr sofort aufgefallen. Nicht, weil sie eine Frau war, die alle Blicke unmittelbar auf sich zog. Das geschah erst später. Nein, Agnes' Mund wurde von diesem leicht arroganten Zug umspielt, der Isabelle unwiderstehlich reizte. Zwischen ihren Augenbrauen zeigten sich zwei steile, kritische Falten, als Isabelle das Abteil betrat, in dem Agnes bis zu diesem Zeitpunkt alleine gesessen hatte, und höflich fragte, ob hier noch frei sei. Mit sichtlichem Widerwillen hatte Agnes bejaht. Sie empfand Isabelle als Eindringling und machte daraus keinen Hehl. Isabelle setzte sich deshalb, mit dem größtmöglichen Abstand zu Agnes, dezent neben die Tür.

Fast eine Stunde lang schwiegen sie. Normalerweise schätzte es Isabelle, im Zug Ruhe zu haben, doch in diesem Fall ärgerte es sie maßlos, nicht beachtet zu werden. Agnes nahm keinerlei Notiz von ihr. Sie saß neben dem Fenster in Fahrtrichtung und blickte abwechselnd versunken und in sich gekehrt nach draußen oder las in der *ZEIT*. Hin und wieder schielte Isabelle zu ihr hinüber. Sie schätzte Agnes auf Mitte fünfzig, ganz gut erhalten, soweit sie das erkennen konnte. Verstohlen begutachtete sie ihre Kleidung, und ihr gefiel, was sie sah. Das Haar trug Agnes ungewöhnlich kurz für eine schicke Dame mittleren Alters. Direkt am Ansatz war es grau, der Rest war dunkel gefärbt.

Je länger das augenscheinliche Desinteresse dieser Frau anhielt, desto drängender meldete sich der Sportsgeist in Isabelle zu Wort. Sie wollte diese fremde Frau in ein Gespräch verwickeln. Sie war begabt darin, Frauen für sich einzunehmen, und sie wusste darum.

Doch an Agnes Jungblut prallten ihre Fähigkeiten ab. Lange Zeit blieb sie unbeeindruckt. Wie es schien, war Isabelle Luft für sie.

Eine Regung zeigte sie erst, als Isabelle ungeschickt in ihrer Tasche nach der Fahrkarte nestelte, die Tasche dabei zu Boden fallen ließ und errötete. Agnes blickte zu ihr, nur mit den Augen, ohne den Kopf zu wenden, und schmunzelte.

„Warum so nervös?", fragte sie, als der Schaffner das Abteil wieder verlassen und die Tür zugezogen hatte.

„Ich bin nicht nervös", erwiderte Isabelle trotzig.

„Und warum haben Sie mich die ganze Zeit beobachtet?", fragte Agnes und sah sie an.

„Wie kommen Sie denn darauf?", sagte Isabelle. „Ich habe Sie nicht beobachtet. Warum sollte ich?" Sie spürte, dass sie mit einer unsicheren Kinderstimme sprach, eine Stimme, die sie hasste und die immer dann aus vergessen geglaubten Tiefen emporstieg, wenn sie log.

Agnes legte *DIE ZEIT* beiseite und lachte. „Ich habe Sie auch beobachtet", sagte sie, „aber das haben Sie nicht bemerkt."

Damit war das Eis gebrochen. Agnes erzählte ihr, dass sie auf dem Weg zu ihrem Haus auf Sylt sei, um ein paar Tage am Meer auszuspannen. Sie sagte deutlich *mein* Haus, Isabelle hatte sich nicht verhört. Sie hatte noch nie jemanden kennen gelernt, der ein Haus auf Sylt besaß. Sie selbst berichtete von ihrer Abschlussprüfung und von der Frage, die sich jetzt in dieser Lebensphase stellte, nämlich, ob sie auch promovieren solle. Bei der ersten Stelle, auf die sie sich beworben hatte, war sie abgelehnt worden, und ihr Ego war noch immer tödlich gekränkt. Die Schmach nagte an ihr. Aber das erzählte sie Agnes nicht.

Das Gespräch wurde immer lebhafter. Isabelle wechselte den Platz und setzte sich Agnes gegenüber. Kunstvoll drapierten sie ihre Jacken und Zeitungen über die restlichen Sitze, und wenn jemand die Tür öffnete und fragte, ob hier noch frei sei, verneinten sie und kicherten, sobald sie wieder alleine waren. Manchmal berührten sich ihre Knie, da es in der zweiten Klasse eng war. Sie teilten sich eine Packung Kekse, von denen Agnes Isabelle den größten Teil überließ, und kurz, bevor der Zug Hamburg erreichte, lud Agnes Jungblut Isabelle ein.

„Kommen Sie mich doch besuchen", sagte sie, „und genießen Sie nach Ihrem Diplom ein, zwei Tage auf Sylt. Ich würde mich über Gesellschaft freuen. Wenn ich sehe, dass Sie sich nicht benehmen können, zahle ich Ihnen ein Hotel. Eine Jungakademikerin wie Sie hat sicher nicht viel Geld – habe ich Recht?" Sie gab der verdutzten Isabelle ihre Visitenkarte.

In Hamburg erzählte Isabelle sofort ihrer Freundin von der Zugbekanntschaft.

„Ein Haus auf *Sylt*?", schrie die Freundin voller Begeisterung in einem quiekenden Ton. „Toll! Ich kenne gerade mal Leute, die ein Wochenendhaus im Harz haben. Oder im Sauerland. Eigentlich kenne ich noch nicht mal die." Sie riet ihr, Agnes Jungbluts Einladung anzunehmen. „Los! Fahr hin! Wer weiß, ob sich jemals wieder so eine Gelegenheit bietet!"

„Ich weiß nicht", sagte Isabelle. „Sie ist ganz schön arrogant."

„Das verwechselst du, meine Liebe", entgegnete die Freundin. „Wahrscheinlich ist sie einfach eine vornehme Dame."

Doch die Überredungskünste der Freundin waren gar nicht nötig, denn zu diesem Zeitpunkt wusste Isabelle bereits, dass sie Agnes Jungblut tatsächlich besuchen würde. Zwei Tage später fuhr sie los.

Agnes Jungblut besaß ein Haus in Keitum auf Sylt, das sie von ihren Eltern geerbt hatte – wie vieles andere auch. Sie hatte sich nie in ihrem Leben Sorgen um Geld machen müssen, und seit ihre Mutter gestorben war – der Vater lag schon lange in der Familiengruft –, war sie reich. Es gab keine weiteren Verwandten mehr, mit denen sie das Vermögen hätte teilen müssen. Das Haus auf Sylt hatten ihre Eltern in den fünfziger Jahren billig gekauft und stets nur als Feriendomizil genutzt, dabei war es groß und geräumig, und man hätte problemlos das ganze Jahr darin verbringen können. Es hatte weiße Außenwände und ein Reetdach und stand auf einem Grundstück mit alten Buchen. Es war ein Schmuckstück. Die hintere, weiß gestrichene Gartenpforte führte direkt zum Watt. Das Haus hatte nur ein Stockwerk; unter dem Dach hatte Agnes sich ihr Schlafgemach eingerichtet.

Isabelle blieb nicht nur einen Tag, sondern zwei Wochen, und es war auch nicht nötig, sie in ein Hotel einzuquartieren, da sie sich artig benahm. Sehr artig sogar.

Am ersten Tag fuhren Agnes und sie an den Strand. Danach zeigte Agnes Isabelle teure Geschäfte in Kampen und Westerland und schenkte ihr eine Sonnenbrille, da Isabelle vergessen hatte, ihre mitzubringen; von dem Geld, das sie kostete, hätte Isabelle drei Wochen leben können, und sie wollte sie zuerst nicht annehmen.

„Na, kommen Sie", sagte Agnes, „zieren Sie sich nicht so. Ich mache Ihnen gern eine Freude. Sie sind so nette Gesellschaft. Und die Brille steht Ihnen gut."

Auch Isabelle war der Ansicht, dass die Brille ihr gut stand, und so vergaß sie ihre Einwände.

Am zweiten Tag duzten sie sich und schlenderten untergehakt durch den Ort. Als sie abends in einem Restaurant saßen, fiel Isabelle auf, dass Agnes nicht alles aß und äußerst wählerisch wirkte. Sie hat einen Gesundheitsfimmel, dachte Isabelle, wie alle Leute, die zu viel Geld haben.

Am dritten Tag zog Isabelle von der schmalen Liege im Arbeitszimmer unter das Dach in Agnes' großes Bett.

Fortan hatten Agnes Jungblut und Isabelle ein Liebesverhältnis. Isabelle genoss die häufigen Aufenthalte auf Sylt und auch die in

Agnes' anderem Haus in der Nähe von Köln. Sie behielt ihre eigene Wohnung in Münster, obwohl Agnes sie manchmal fragte, ob sie nicht gleich ganz zu ihr ziehen wolle. Agnes sagte ihr oft, wie sehr sie ihre Gesellschaft schätze und wie glücklich sie sie mache. Isabelle legte sich passende Kleidung für die Wanderungen durch die Dünen zu, da sie ihre Zeit künftig oft am Meer verbringen würde – und ebenso passende Kleidung für die teuren Restaurants am Abend. Ihr Leben veränderte sich. Auf Sylt bezog sie das Arbeitszimmer, von dessen Fenster aus das Wattenmeer zu sehen war, um mit ihrer Dissertation zu beginnen. Nachts schlief sie neben Agnes auf dem Dachboden, und morgens weckte sie das Geschrei der Möwen.

Agnes zeigte sich stets großzügig, und Isabelle genoss das Leben. Sie dachte nicht über eine Zukunft mit Agnes nach; es gab für sie nur den heutigen Tag. Manchmal verspürte sie das Bedürfnis, in ihre eigene Welt zurückzukehren, und verschwand für einige Zeit nach Münster, um dann, nach ein, zwei Wochen, wieder bei Agnes aufzutauchen.

Eines Tages trafen sie sich im Haus auf Sylt, nachdem sie sich drei Wochen nicht gesehen hatten. Agnes schlug vor, abends zu kochen.

Isabelle hatte sich inzwischen an den Luxus teurer Restaurants gewöhnt und ein solches anlässlich der Wiedersehensfreude nach drei Wochen auch erwartet. Sie war sogar selbstverständlich davon ausgegangen. Sie hasste Kochen. Aber zähneknirschend ließ sie Agnes ihren Willen. Sie benahm sich immer artig.

Agnes blieb während des ganzen Essens sehr schweigsam. Mittendrin legte sie plötzlich ihr Besteck beiseite und ihre Hand auf Isabelles Arm.

„Ich muss mit dir reden", sagte sie.

„Was ist los?", fragte Isabelle und aß mit Genuss weiter.

„Ich bin krank", sagte Agnes.

„Was hast du denn?", fragte Isabelle kauend. „Schnupfen? Oder eine ansteckende Geschlechtskrankheit, die du dir bei einer heimlichen Liebhaberin eingefangen hast, als ich nicht da war? Du hast mich drei Wochen lang nicht angerufen!" Isabelle bemühte sich, entrüstet zu klingen, doch in Wahrheit plagte sie der Anflug eines schlechten Gewissens. Angesichts dessen, dass ihre Stimme beim Lügen manchmal einen unsicheren, verräterischen Ton annahm, war ihr das Ausbleiben der Anrufe durchaus recht gewesen, denn die gesamten letzten drei Wochen hatte sie mit Eva-Maria verbracht. Sie hatte kürzlich die Bekanntschaft Eva-Marias gemacht und konnte seitdem ihre Finger nicht von ihr lassen. Agnes muss nichts von ihr erfahren, dachte Isabelle.

Agnes lachte nicht. „Isabelle, ich habe Krebs", sagte sie. „Ich hätte es dir schon längst sagen sollen. Ich bin operiert worden, bevor wir uns kennen lernten, und ich machte damals auch eine Chemotherapie. Ich dachte eine Weile, alles ist gut. Aber jetzt ist er wieder da."

Isabelle ließ ihr Besteck fallen und sah Agnes an. „Aber ... aber du siehst so gesund aus", sagte sie.

„Das täuscht."

Erst jetzt fiel Isabelle auf, dass Agnes im Gegensatz zu ihr kaum etwas gegessen hatte und in den drei Wochen, in denen sie sich nicht gesehen hatten, merklich abgemagert war. Sie war schmal geworden. Sie sah nicht gesund aus. Ihre Wangenknochen traten deutlicher hervor als früher, so deutlich, dass die Form ihres Schädels gut zu erkennen war; insgesamt schien sich plötzlich viel weniger Fleisch an ihrem Kopf zu befinden, stattdessen nur Haut. Haut und Augen, die nach innen in ihre Höhlen traten, die sich dorthin zurückzogen. Die Tatsache des verlorenen Gewichts kaschierte Agnes durch perfekt ausgewählte Kleidung, edle Stoffe, die sich an ihren schmächtigen Körper schmiegten.

Isabelle wollte fliehen. Sie wollte damit nichts zu tun haben. Sie war keine Pflegerin, und das wusste sie. Umsorgen lag ihr nicht im Blut. Sie konnte es nicht. Sie war nicht fürsorglich. Allein bei dem Gedanken, es künftig sein zu müssen, sträubte sich alles in ihr. Am liebsten wäre sie aufgesprungen und hätte überstürzt ihre Sachen gepackt. Plötzlich wurde ihr auch die Bedeutung der großen Narbe auf Agnes' Bauch klar. Sie war ihr natürlich aufgefallen, damals, in ihren ersten gemeinsamen Nächten. Sie hatte Agnes gefragt, woher sie stamme, doch sie hatte jedes Mal abwehrend reagiert. „Ich hatte da mal eine Operation, ist schon eine Weile her", hatte sie geantwortet und dann schnell das Thema gewechselt oder Isabelle geküsst. Isabelle hatte gesehen, dass die Narbe noch nicht sehr alt sein konnte, aber immer, wenn sie wieder danach fragte, machte Agnes unmissverständlich klar, darüber nicht reden zu wollen, und so hatte Isabelle es schließlich aufgegeben.

„Aber ... du wirst doch wieder gesund?", sagte Isabelle.

„Ich weiß nicht. Vielleicht. Ich glaube nicht. Ich weiß es nicht. Aber ich möchte noch eine schöne Zeit haben. Mit dir."

Agnes sah Isabelle an. Isabelle dachte an Eva-Maria und blickte auf ihren Teller.

Wann musst du denn wieder zu ihr nach Sylt fahren?", fragte Eva-Maria und rekelte sich auf dem Sofa.

„Übermorgen", antwortete Isabelle.

„Und du musst sie jetzt richtig pflegen?", fragte Eva-Maria mit einem leicht angeekelten Gesichtsausdruck. Sie saßen bei Isabelle zu Hause und tranken eine Flasche Veuve Clicquot. Zuvor hatten sie ausgiebig dem Sex gefrönt. Isabelle hatte ihre Wohnung in Münster noch immer nicht aufgegeben, obwohl sie ihr inzwischen klein und schäbig erschien.

„Es ist nicht so schlimm, wie du vielleicht denkst", sagte Isabelle. „Eine Pflegerin kommt jeden Tag. Agnes hat ja genug Geld. Alles ist organisiert. Außerdem ist Ruth oft bei ihr, die Ärztin, mit der Agnes befreundet ist. Sie ist also bestens versorgt. Aber natürlich muss ich mich um sie kümmern. Obwohl ich gar nicht der fürsorgliche Typ bin. Ich glaube, das war ich noch nie. Das ging schon damals bei den Meerschweinchen schief."

„Bei welchen Meerschweinchen?", kicherte Eva-Maria.

„Ich will jetzt nicht darüber reden", sagte Isabelle. Sie hatte noch nie jemandem von den Meerschweinchen erzählt, und dabei sollte es auch bleiben.

Eva-Maria vergaß die Meerschweinchen schnell. Isabelle erzählte ihr, dass sie für die Fürsorge schließlich auch etwas bekäme. Agnes Jungblut hatte kürzlich ihr Testament zu ihren Gunsten geändert. Da es keine Verwandten gab, würde Isabelle alles erben. Mit dem zusätzlichen Geld aus der Lebensversicherung könnte sie die hohe Erbschaftssteuer bezahlen; das hatte sie bereits grob überschlagen.

Isabelle hatte ein paar Tage zu Hause gebraucht, in ihrer eigenen Umgebung in Münster – und vor allem einige vergnügliche Stunden mit Eva-Maria im Bett. Agnes wusste nichts von Eva-Marias Existenz. Übermorgen würde Isabelle wieder nach Sylt fahren und sich rührend um Agnes kümmern.

Sie erfüllte ihr jeden Wunsch und umsorgte sie mit hingebungsvoller Zärtlichkeit. Isabelle selbst war darüber am meisten verblüfft. Ganz neue Züge zeigten sich an ihr, von denen sie nicht gewusst hatte, dass sie überhaupt in ihr steckten. Isabelle hatte nie zuvor Fürsorge betrieben. Hatte früher eine Freundin mit Grippe im Bett gelegen, dann hatte Isabelle ihr noch nicht einmal Tee gekocht. Es war ihr einfach nicht in den Sinn gekommen, dass die Freundin sich möglicherweise genau danach sehnte. Außerdem waren ihr Unpässlichkeiten der Geliebten immer ein wenig lästig gewesen. Mit den Damen war dann kaum etwas anzufangen. Vor allem kein Sex.

Isabelle hatte es auch nicht gemocht, wenn ihre Mutter unter Migräne litt, sie wusste nie, was zu tun war. So blieben eine lange Zeit die Meerschweinchen die einzigen Wesen, denen sie ihre Fürsorge zuteil werden ließ. Doch es hatte keinen guten Ausgang genommen, und deshalb hatte Isabelle nie jemandem davon erzählt.

Die Meerschweinchen gehörten ihrer Freundin Bärbel, sie hießen Ede und Bruno. Ede war wirbelig und struppig, ein Punk, Bruno hatte glattes, glänzendes Fell. Isabelle hatte nie gewusst, ob es sich wirklich um männliche Meerschweinchen handelte, und

Bärbel selbst wusste das wohl auch nicht; zumindest mussten sie demselben Geschlecht angehören, da sie sich nicht fortpflanzten. Außerdem war diese Frage nebensächlich. Ihre Namen lauteten Ede und Bruno, und Isabelle liebte die dicken, possierlichen Tierchen genauso wie Bärbel.

Isabelle war damals kein richtiges Kind mehr, aber in die Pubertät war sie auch noch nicht hinübergeglitten. Sie befand sich in dem Stadium dazwischen, eine Art Niemandsland, das durch naive Unschuld einerseits und die Ahnung von verstörenden Veränderungen, die bald eintreten würden, andererseits gekennzeichnet war.

Bärbel und Isabelle wohnten in derselben Siedlung, nur wenige Straßen voneinander entfernt. Bärbel fuhr in den Sommerferien mit ihrer Familie nach Bayern, und jemand musste sich um die Meerschweinchen kümmern. Isabelle, die zu Hause blieb, hatte den Hausschlüssel mit der Auflage erhalten, Ede und Bruno regelmäßig zu füttern, sie zu streicheln, mit ihnen zu spielen und alle drei Tage den Käfig gründlich zu säubern. Sie platzte beinahe vor Stolz, dass sie dazu auserkoren war, die Meerschweinchen zu hüten. Ihr, Isabelle, wurde eine so große Verantwortung übertragen. Sie nahm sie gern auf sich, und sie würde an ihr wachsen und reifen und damit den Sprung in jenes sagenumwobene andere Stadium namens „Erwachsensein" bewerkstelligen. Ede und Bruno waren nun auf sie angewiesen. Ihr Leben war von Isabelle abhängig.

Mit großem Ernst widmete sie sich ihrer Aufgabe, und zwei Wochen lang ging alles gut. Jemand musste sich um Ede und Bruno kümmern, darauf achten, dass es ihnen an nichts mangelte, und dieser Jemand war sie. Isabelle hätschelte die Nagetiere, schälte Mohrrüben für sie, schmuste mit ihnen und lauschte vergnügt ihrem zufriedenen Glucksen.

Dann, zu Beginn der dritten Woche, machte sie in Bärbels Zimmer, in dem der Käfig stand, eine furchtbare Entdeckung. Sie hatte ein Glas gelbe Limonade auf den Fußboden gestellt, und sie sah, wie ein winziges, schwarzes Insekt direkt in das Glas hineinsprang und dann hilflos in der Limonade zappelte – offensichtlich handelte es sich um ein Versehen, oder jenes Tier war lebensmüde. Isabelle ließ es ertrinken und sah mit dem Schauder des Entsetzens reglos dabei zu. Sie konnte sich nicht bewegen. An ihrem ganzen Körper kribbelte und juckte es plötzlich, so, als liefen Hunderte von Ameisen über ihre Haut. Sie sah sich um und entdeckte, dass es in Bärbels ganzem Zimmer von kleinen schwarzen Tieren nur so wimmelte. Genau genommen waren sie dunkelbraun, und sie sahen alle so aus wie das in der Limonade.

Isabelle löste sich aus ihrer Erstarrung und rannte in den Flur. Dort lag auf einer kleinen Kommode der Zettel mit der Telefonnummer der Ferienpension in Bayern. Für Notfälle. Dies war ein Notfall. Isabelles Herz klopfte, als sie die Nummer wählte. Nach langen Minuten des Wartens kam endlich Bärbels Mutter ans Telefon.

„Das sind Flöhe", sagte sie, nachdem Isabelle die dunkelbraunen Tiere beschrieben hatte. Sie klang ganz ruhig, überhaupt nicht besorgt. Isabelle führte das darauf zurück, dass sie im weit entfernten Bayern den Ernst der Lage nicht richtig einschätzen konnte.

„Flöhe?"

„Ja, Hundeflöhe von Foxi. Er muss sie von draußen eingeschleppt haben."

Foxi hieß der Hund von Bärbels Familie, ein Foxterrier, der mit nach Bayern gereist war.

„Was soll ich denn nur tun? Es sind so viele!"

„Ganz ruhig, Isabelle", sagte Bärbels Mutter. Und dann erklärte sie ihr, in welchem Schrank im Abstellraum sich das Insektenvernichtungsspray befand. Sie beschrieb das Aussehen der Dose genau. Sie erklärte ihr, dass sie damit das ganze Zimmer einsprühen, die Tür schließen und am nächsten Tag gut lüften müsse. „Du schaffst das schon", sagte sie. Sie betonte mehrfach, dass es sich um *Gift* handele und Isabelle äußerst vorsichtig damit umgehen müsse. „Wasch dir danach gründlich die Hände, Isabelle!", mahnte sie. Sie erklärte noch viel mehr – sie redete und redete. Isabelle hatte den Eindruck, dass sie noch etwas sehr Wichtiges sagte, doch ihr Herz klopfte wild vor Aufregung, und sie hörte nicht mehr richtig zu. Außerdem wollte sie sich nicht die Blöße geben, wie ein kleines, dummes Kind zu erscheinen, weil sie nachfragen musste.

Nun hatte sie noch mehr Verantwortung. So viel Verantwortung. Nach dem Telefongespräch überlegte Isabelle kurz, ob sie nicht lieber die paar Straßen nach Hause laufen sollte, zu ihrer Mutter, bevor sie das Insektenspray im Abstellraum suchte. Aber sie hatte exakte Anweisungen erhalten, und die Zeit drängte, da es sich um eine wahre Invasion von Flöhen handelte, einer alttestamentarischen Heuschreckenplage ähnlich. Isabelle war viel besser informiert als ihre Mutter, denn sie stand mitten im brodelnden Zentrum der Gefahr. Sie musste sofort handeln.

Also ging sie entschlossen zum Abstellraum, suchte im genannten Schrank nach dem Spray und fand es hinter dem Waschpulver. Ihr fiel auf, dass Bärbels Mutter ein anderes Waschpulver benutzte als ihre Mutter. In Bärbels Zimmer schüttelte sie die noch volle Dose, auf der eklige, schwarze Insekten abgebildet waren, gründlich. Dann sprühte und sprühte sie – so lange, bis die Dose merklich leichter geworden und Bärbels Zimmer vollständig eingenebelt war. Isabelle wollte alles richtig machen.

Während des Sprühens fiel ihr durch die Giftschwaden hindurch die kleine, schlechte Kopie, etwa in Schulheftgröße, von Edvard Munchs *Der Schrei* ins Auge. Dieses Bild hätte eher in ein evangelisches Religions-Schulbuch als an die Wand eines jungen Mädchens gepasst. Es war an einer Seite eingerissen, Bärbel musste es aus einem Buch herausgetrennt haben. Dieses Bild hatte Isabelle jedes Mal, wenn sie in Bärbels Zimmer saß, erschreckt. Sie verstand einfach nicht, warum ihre Freundin sich so etwas Furchtbares und Abstoßendes an die Wand hängen konnte. Dieser arme, zugleich aber auch grauenerregende Mensch, der auf einer Brücke unter einem blutroten Himmel seinen Kopf, der einem Totenschädel ähnelte, in beiden Händen hielt, den fischartigen Mund zum Schrei des Entsetzens geöffnet.

Als die Spraydose fast leer war, schloss Isabelle die Tür zu Bärbels Zimmer von außen, stellte die Dose zurück in den Schrank hinter das Waschpulver, zog ihre Jacke an und ging mit der befriedigenden Gewissheit, alles richtig gemacht zu haben, nach Hause.

Erst am nächsten Tag, als sie lüften wollte, entdeckte sie, dass sie Ede und Bruno im Zimmer vergessen hatte. Die Meerschweinchen teilten das bedauernswerte Schicksal der Hundeflöhe; Isabelles Übereifer hatte sie umgebracht.

Agnes Jungbluts Zustand begann sich zu verschlechtern, und Ruth, die mit ihr befreundete Ärztin, hatte darauf bestanden, dass sie eine Klinik aufsuchte, um sich dort behandeln zu lassen.

Agnes entschied sich für die Klinik in Köln, in der sie damals auch operiert worden war, obwohl die Reise für sie beschwerlich werden würde. Sie verließen Sylt. Isabelle tat es schweren Herzens, denn sie liebte das schmucke Haus. Vom ersten Augenblick an hatte sie gewusst, dass sie dort, in diesem Haus, den Rest ihres Lebens würde verbringen können – tagsüber mit dem Schreiben ihrer Dissertation und abends mit dem Aufsuchen teurer Lokale und Partys in der reichen Nachbarschaft. Agnes und sie hatten das manchmal gemeinsam getan.

Was den Abschied von Sylt etwas leichter machte, war die Tatsache, dass sich dort alles veränderte. Agnes war zu schwach zum Treppensteigen, und so hatte sie gemeinsam mit der Pflegerin beschlossen, dass es das Beste wäre, wenn sie vom Dach in das große Arbeitszimmer zog. Isabelle musste ihre Bücher und Unterlagen, die sie im ganzen Zimmer ausgebreitet hatte, zusammenpacken und das schöne Zimmer mit dem Blick über das Wattenmeer räumen und nach oben ziehen. Sie war darüber ein wenig verärgert – ließ es sich aber nicht anmerken.

Dann verließen sie die Insel. Agnes wurde ins Krankenhaus eingeliefert, und Isabelle zog in Agnes' Haus in der Nähe von Köln. Sie besuchte Agnes jeden Tag. Den Kontakt zu Eva-Maria aus Münster hielt sie telefonisch aufrecht, und manchmal lud sie sie zu sich ein.

Nach einer Nacht mit Eva-Maria, in der sie nur wenig schliefen, war Isabelle all den Dingen, die noch auf sie zukommen würden, viel besser gewachsen, und für ein paar Stunden konnte sie den Krankenhausgeruch und den Anblick des Tropfes neben dem Bett vergessen.

„Sie kann noch viele Monate leben, mit Glück auch ein Jahr", hatte der behandelnde Arzt gesagt. „Wie lange, lässt sich nicht sagen, so viel wissen wir Ärzte leider auch nicht. Vielleicht hat Frau Jungblut noch eine schöne Zeit vor sich. Zu Hause fühlt sie sich sicher wohler, und das Seeklima von Sylt wird ihr gut tun. Dort besitzt sie doch ein Haus, wie sie mir erzählte. Viel Ruhe und anregende Seeluft werden sie ablenken, und ich als ihr Arzt kann ihr nur dazu raten. Ermuntern Sie Frau Jungblut dazu!"

Es konnte noch viele Monate dauern? Damit hatte Isabelle nicht gerechnet. Sie war nun einunddreißig Jahre alt. Sie hatte ihr Studium vertrödelt und für alles ein bisschen zu lange gebraucht. Nun hatte sie zwar ihr Diplom in der Tasche, aber sie war nicht mehr ganz jung. Der Zahn der Zeit nagte auch an ihr, jeden Tag ein kleines bisschen mehr. Auch sie, Isabelle, wurde älter. Sie sah es jeden Tag im Fernsehen, wenn sie sich kritisch mit den Moderatorinnen verglich. Außerdem wollte sie nicht mehr auf Eva-Maria verzichten.

Nach dem zweiten Becher Automatenkaffee war Isabelle ein paar Schritte im angrenzenden kleinen Park spazieren gegangen. Sie hatte Eva-Maria angerufen und mit ihr eine Uhrzeit vereinbart, zu der sie sich am kommenden Tag auf Sylt treffen würden. Eva-Maria führe mit dem Zug, Isabelle mit Agnes' BMW. Eva-Maria hatte gefragt: „Kannst du denn jetzt im Moment überhaupt da weg? Will sie nicht, dass du bei ihr bist?" Sie hatte nicht erwartet, das Haus auf Sylt, von dem Isabelle so viel erzählt hatte, schon so bald zu sehen.

„Ein, zwei Tage kann ich durchaus verschwinden", hatte Isabelle geantwortet. „Hier verändert sich ja nichts. Sie schläft viel."

Isabelle betrat den Haupteingang zum Krankenhaus, der Mann an der Information blickte noch immer nicht auf. Inzwischen war es kurz nach elf, eine ruhige Nacht. Langsam ging Isabelle über die Treppen nach oben. Sie mochte keine Aufzüge.

Vorsichtig öffnete sie die Tür zu Agnes' Zimmer und trat ein. Agnes schlief und atmete dabei ganz ruhig, wie sie gehofft hatte. Isabelle warf einen Blick in ihren Kleiderschrank und betrachtete die vielen Blusen, die Agnes erst kürzlich gekauft hatte. Auch einen sündhaft teuren Hosenanzug hatte sie sich angeschafft, der zu Hause hing. „Wenn ich hier wieder rauskomme", hatte Agnes gesagt, „nehmen wir das alles mit nach Sylt. Oh, Isabelle, ich freue mich schon."

Isabelles Handgriffe waren weit davon entfernt, so geübt und routiniert zu sein wie die der Schwester Monika. Monika tat scheinbar alles, ohne dabei nachdenken zu müssen; all diese Bewegungen waren ihr in Fleisch und Blut übergegangen. Trotzdem zitterten Isabelles Hände nicht. Eigentlich hatte sie das erwartet – sie hatte erwartet, am ganzen Körper so stark zu schlottern, dass ihr gar nichts mehr gelänge, erst recht nicht das. Aber es geschah nicht. Ihre Hände waren ganz ruhig.

Sie drehte die Zufuhr des Tropfes zu und entnahm ihrer Tasche das sorgsam gehütete kleine Fläschchen. Sie hatte es auf Sylt in einem unbeobachteten Moment der Ärztin Ruth entwendet. Eigentlich hätte ihr dieser Verlust auffallen müssen, doch vielleicht hatte sie es nie angesprochen, um Agnes die Möglichkeit zu einer eigenen Entscheidung zu lassen. Agnes und Ruth waren seit Jahrzehnten miteinander befreundet. Vielleicht nahm Ruth an, Agnes wolle es für das Ende aufheben, um dieses selbst herbeizuführen. Isabelle konnte noch immer nicht glauben, dass es so einfach gegangen war. Sie hatte Ruth das unscheinbare Fläschchen, das Morphium enthielt, stibitzt, so, wie neun von zehn Mitarbeitern in ihren Büros Schreibwaren stahlen.

Isabelle zog den Inhalt des Fläschchens auf eine Einwegspritze und sah zu, wie die Flüssigkeit die Luft verdrängte. Sie entfernte den Schlauch des Tropfes von der Kanüle, die in Agnes' Handrücken steckte, und setzte die Spritze an. Langsam drückte Isabelle den gesamten Inhalt hinein. Die Menge würde ausreichen, das wusste sie. Dann schloss sie den Schlauch wieder an und drehte die Zufuhr für die Infusionsflasche auf, in der Stärke, die die Nachtschwester Monika zuvor eingestellt hatte.

Agnes atmete plötzlich schneller, heftig und flach. Isabelle erschrak. Auf Agnes' Stirn bildete sich Schweiß, sie konnte jeden einzelnen Tropfen erkennen. Isabelle beugte sich über das Bett. „Ganz ruhig“, flüsterte sie. Zärtlich fuhr sie mit dem Finger die Form ihrer Augenbrauen entlang und küsste die Schweißtropfen von ihrer Stirn. Daraufhin atmete Agnes wieder ruhiger und langsamer.

Hoffentlich träumt sie etwas Schönes, dachte Isabelle.

Sie küsste Agnes noch einmal zärtlich auf die Stirn und dann auf den Mund. Ihre Lippen waren nach dem Auftragen der teuren Hautschutzcreme wieder weich. Die guten Dinge kosteten also doch etwas mehr. Es war halb zwölf. Isabelle stand auf, zog ihre Jacke an, löschte das Licht, verließ leise das Zimmer und ging den vertrauten Weg durch den Flur zum Treppenhaus. Im Schwesternzimmer sah sie Monika mit ihrer Kollegin schwatzen. Sie bemerkte sie nicht.

Isabelle war gar nicht müde. Vielleicht führe sie sogar noch heute Nacht nach Sylt, dann wäre sie morgen früh da. Sie würde das Bett für Eva-Maria frisch beziehen und einkaufen gehen. Vielleicht bin ich ja doch ein fürsorglicher Mensch, dachte sie. Vielleicht lerne ich kochen. Sie sehnte sich nach der Insel. Vielleicht würde sie ihre Dissertation wirklich zu Ende bringen. Schließlich brauchte jeder Mensch eine Aufgabe im Leben, und vielleicht war die ihr zugedachte die der Promovendin und Hausbesitzerin. Auf Sylt würde sie zuerst das Krankenbett aus dem Arbeitszimmer schaffen und es wieder als ihr Arbeitszimmer herrichten, mit Blick auf das Wattenmeer. Mit Eva-Maria würde sie nach oben in das Giebelzimmer ziehen.

All diese Gedanken gingen ihr im Kopf herum, während sie langsam die Treppen hinabstieg. Da sie es nicht eilig hatte, schritt sie noch einmal auf leisem Fuß durch die stille Cafeteria, um sich zu verabschieden. Sie würde nie wieder den vorzüglichen Kuchen essen. Vor ein paar Tagen hatte sie hier noch mit Agnes gesessen.

An der Wand neben dem Automaten entdeckte sie plötzlich ein Bild, das ihr bekannt vorkam – nur durch Zufall, denn es hing versteckt im Schatten. Es war ihr nie zuvor an dieser Stelle aufgefallen. Edvard Munchs *Der Schrei*, ein besserer Druck als damals in Bärbels Zimmer. Dieser bedauernswerte Mensch unter dem blutroten Himmel, ein Himmel wie ein Fluss aus Blut, der seinen Kopf in den Händen hielt, den Mund zu einem gepeinigten, verzweifelten Schrei geöffnet, ein Schrei, der niemals enden würde.

Isabelle verließ die Klinik. Nun hatte sie es doch eilig. Sie mochte dieses Bild nicht. Es war ein Bild für ein evangelisches Religionsbuch. Das einsame Taxi wartete immer noch vor dem Eingang. Der Fahrer hatte die Zeitung ausgelesen, den Kopf nach hinten gelehnt und die Augen geschlossen.

Isabelle ging zum Parkplatz und stieg in Agnes' dunkelblauen BMW. Unverantwortlich, dachte sie, als sie sich immer weiter vom Krankenhaus entfernte, es ist einfach unverantwortlich, ein so schauderhaftes Bild dort aufzuhängen. Kranke sollten sich an Blumensträußen und Landschaften erfreuen, in beruhigenden Pastelltönen. Isabelle mochte das Bild nicht. Hoffentlich träume ich nicht davon, dachte sie.

Sylt wartete auf sie. Sylt und Eva-Maria. Als Hausbesitzerin hatte Isabelle von nun an viele Verpflichtungen.